AF369221

RECVEIL
DE
LETTRES
ESCRITES
A MONSIEVR LE COMTE
DE LA SVZE.

Pour l'obliger par raison à se faire Catholique.

A PARIS,

Chez SIMEON PIGET, ruë
S. Iacques, à la Prudence.

M. DC. LXI.
Auec Permission.

LETTRES CONTENVES
dans ce Volume.

FAVTES DE L'IMPRESSION.

Premiere Lettre.

Page 23. ligne 3. *lifez*, n'a pas plus.

Replique.

Page 5. ligne 12. *lifez*, que ie n'y.
pag. 16. lig. 15. *lifez*, du.
pag. 19. lig. 6. *effacez*, les.
pag. 80. lig. 13. *effacez*, en.
pag. 82. lig. 25. *lifez*, & la plus faine partie de.

PREMIERE
LETTRE

A MONSIEVR LE COMTE
DE LA SVZE,

*Pour l'obliger par raison
à se faire Catholique.*

MONSIEVR

Dans le dessein que i'ay de vous
obliger par raison à vous faire Catholique ; Il semble que ie veüille
inferer de cela mesme, que vous
n'auez pas raison d'estre d'vne autre
croyance. Et que c'est vous offen-
cer, bien loin de vous honorer
comme ie fais, que de vous reprocher que cette partie vous manque,
qui distingue l'homme de l'homme,
& qui le separe de tout ce qui n'est

pas raiſonnable. Ie ſerois tout à
fait déraiſõnable ſi i'auois vne telle
penſée. Et ie manquerois de ſens
commun, ſi ie n'auois appris par la
connoiſſance que vous m'auez donnée de vous meſme, que vous auez
ioint deux choſes bien rares enſem-
ble, l'Intelligence, & la Valeur :
Que vous auez fait vn compoſé
beaucoup plus rare de ces deux ex-
cellentes qualitez, auec vne illuſtre
naiſſance : Et que voſtre condition
voſtre eſprit, & voſtre cœur, vous
éleuent, non ſeulement au deſſus
du commun des hommes raiſonnables; mais vous mettent au rang des
plus conſiderables, des plus éclai-
rez, & des plus vaillans.

Il eſt donc vray, Monſieur, que
vous eſtes capable de porter voſtre
raiſon auſſi haut que l'honneur &
la gloire la peuuent porter. Mais
vous me permettrez de vous dire
que des perſonnes de voſtre profeſſion n'employent pas ordinaire-
ment toute leur raiſon à mediter &
à examiner des choſes que l'on

croît fort esloignées du commerce
des braues, comme sont celles de
la Religion, & plus encore celles
des controuerses. Quoy que vos
Docteurs reprochent aux Catholiques, qu'ils se rapportent en matiere de Religion à la Foy de leurs
Curez: Vous m'auoüerez, que vous
mesme tout intelligent que vous
estes, vous en rappottez beaucoup
aussi a la Foy de de vos Ministres:
Que vous vous contentez de sçauoir superficiellement, quels sont
les articles de voftre croyance: &
que vous n'en auez iamais examiné
pas vn à fonds. Il semble que vous
ayez dans voftre Religion toute la
liberté, que vous appellez Euangelique, & qu'il vous soit permis de vous
enquerir diligemmét des Escritures,
comme vos Docteurs vous y exhor-
tent. Mais souuenez - vous qu'ils
vous prechent en mesme-temps la
sobrieté pour la curiosité, & pour
la Foy; & qu'il faut estre sage à
salut: C'est à dire, que vous ne
deuez pas vous informer au delà

de ce qu'ils vous prechent, que
vous ne deuez croire que ce
qu'ils veulent que vous croyez ; &
que ce qu'ils vous ordonnent, eſt
de ces remedes qui laſchent en com-
primant.

I'ay donc, Monſieur, deux prieres
à vous faire dans le deſſein que ı'ay,
& que ie vous ay dit, de vous obliger par raiſon à vous faire Catholique. L'vne eſt d'employer toute
voſtre raiſon à examiner celles que
ie vous eſcriray. L'autre eſt, de
donner à voſtre eſprit toute l'eſtenduë & toute la liberté qui luy eſt
naturelle. Enquerez-vous diligem-
ment de l'Eſcriture que ie vous al-
legueray. Mais recherchez plus di-
ligemment encore la veritable explication qu'elle doit auoir. Ie n'a-
giray auec vous que par des autho-
ritez tirées de la parole de Dieu, &
par des raiſons purement naturel-
les, pour expliquer cette meſme
Parole naturellement. C'eſt à dire,
ſans la forcer & ſans la violenter.
Ie laiſſeray à part les diſputes, qui

font les vetilles de l'Escole, & pour
l'esquelles ie sçay que vous auez de
l'auersion. Ie ne vous parleray qu'en
termes raisonnables, & n'employe-
ray pour vous persuader que la
droitte raison, à laquelle tout homme de bon sens, & tout homme
d'honneur se doit rendre. Ce n'est
pas, Môsieur, que ie croye vous pouuoir persuader la religió Catholique
par raison; & que ie ne sçache que
les principes de la Religion Chrêtienne font au dessus de la raison.
Ie n'entreprens aussi que de vous
faire voir par raison, & sur des
principes dont vous & nous demeurons d'accord: Premierement,
que vos premiers Reformateurs ont
eu tort de se separer de l'Eglise Catholique en la voulant reformer:
Secondement, que leur reformation a esté mal entenduë & mal
faite.

Quant au premier poinct. Nous
sommes d'accord vous & nous que
le Schisme est deffendu par toutes
les raisons de l'Euangile. Et Caluin

mesme la si bien creû, que dans le Formulaire qu'il a composé pour la Cene que vous celebrez, il a mis ces mots. *Qu'il excommunie tous Schifmatiques, & tous ceux qui font fectes à part, pour rompre l'vnité de l'Eglife.* En quoy l'aueuglement d'vn tel homme est estrange; de s'estre excommunié luy-mesme, & d'auoir excommunié tous ceux qui participent à la Cene qu'il a instituée. Car ie vous prie, Monsieur, Caluin n'estoit-il pas Schifmatique, lors qu'il escriuoit sa condamnation en escriuant ces paroles? Et tous ses Sectateurs ne font-ils pas Schifmatiques, & par consequent excommuniez par Caluin mesme, toutes les fois qu'ils communient?

Vous ne disconuenez pas que l'Eglife Romaine ne fût la seule Eglife Chrestenine & Catholique, & reconnuë telle de tous les Chrêstiens, lors que Luter s'emportant contre les abus qu'il se figuroit beaucoup plus grands dans cette Eglife qu'ils n'estoient, en proposa

la Reformation. Luter reconnoiffoit pourtant cette verité , que l'E-
glife Romaine eftoit la veritable
Efpoufe de IESVS-CHRIST, &
qu'elle eftoit par confequent noftre
veritable Mere. C'eft pourquoy il
n'en vouloit du tout point fortir ,
& fit tout ce qu'il pût pour y demeurer. Ce que l'Hiftoire approu-
uée de vous & de nous certifie,
comme vne chofe veritable & con-
ftante. Il en fortit neantmoins. Et
il en fortit par des raifons purement
humaines : Car il n'en cût fceu alleguer pas vne diuine. Il fit vne
fecte à part. Il rompit l'vnité de l'E-
glife. Et il deuint Schifmatique,
fuiuant la definition de Caluin, qui
declare tels ceux qui font fectes à
part, & qui rompent l'vnité de l'E-
glife. Mais Caluin alla plus auant
que Luter. Car apres s'eftre declaré pour la Reformation pretenduë de Luter, il rompit auec
Luter mefme. Il fit Schifme de
Schifme, & fecte de fecte. Et il fût
doublemét excommunié felon luy ,

& par luy-mesme, entant que doublement Schifmatique.

Vous me direz que Caluin &
& Luter furent forcez de faire le
fchifme qu'ils firent, parce qu'on
les euſt fait mourir par les Loix
de l'Egliſe Romaine , s'ils fuſſent
demeurez dans la communion Romaine. A quoy ie reſponds: Qu'vn
homme de bien n'eſt iamais forcé
de mal faire pour quelque crainte
que ce ſoit. Et que le fchifme eſtant
le plus grand de tous les maux
qu'vn Chreſtien puiſſe faire, quoy
que ce ſoit ne pouuuoit excuſer
Luter & Caluin de faire vn ſi grand
mal. Qu'euſſent-ils fait? me direz-
vous. Tout autre choſe que le

fchifme. *Aliquid feciſſent vt ne hoc
feciſſent.* Elie eſtoit ſans comparai-
ſon tout vn autre homme que Luter & que Caluin , ſoit pour la ſain-
cteté de ſa vie, ſoit pour l'excellence de ſes Propheties, ſoit pour
la grandeur de ſes miracles. Il exhorta le Roy & le Peuple au ſeruice de Dieu par ſes predications;

mais il ne feduifit pas vn du Peuple
par le fchifme. Et quand la Reyne
Idolâtre le chercha pour le faire
mourir, Dieu l'enleüa au defert,
où il fe retira feul. C'eft ce que Luter & Caluin deuoient faire. Ils fe
deuoient retirer feuls: ou ils deuoient mourir dans l Eglife pour la
reformation de l'Eglife. Et ils deuoient fouffrir le martyre plûtoft
que de fouffrir le fchifme.

Vous me direz enfin que l'E-
glife Catholique eftant corrompuë
au point qu'elle l'eftoit, Luter &
Caluin ne pouuoient en confcience
demeurer dans cette Eglife corrompuë, & qu'ils en deuoient fortir,
eux, & tous ceux qui eftoient de
l'auis de leur Reformation. Mais ie
foûtiens le contraire. Et ie main-
tiens que Luter & Caluin deuoiét
en confcience demeurer dans l E-
glife Catholique, quoy qu'elle eût
efté corrompüe au point qu'ils le
pretendoient. Ie fouftiens que c'eft
vne Herefie de croire, qu'on foit
obligé de fortir de l'Eglife pour

quelque cauſe que ce ſoit. Et ie ſoûtiens qu il n'y a ny commande-ment de Dieu d'en ſortir; ny exem-ple dans l'Eſcriture-Sainte, qu'au-cun Fidele ſoit iamais ſorty de l'E-gliſe, de quelque maniere qu'elle ait eſté corrompuë. Ie dy au con-traire, que le Schiſme eſt expreſſe-ment deffendu dans l'Euangile, quelque pretexte qu'on puiſſe pren-dre pour le faire. Que la deffenſe de Saint Paul eſt formelle pour cela. Et j'ay fait voir dans la lettre que j'ay eſcritte à Philotime, ſur le ſujet de ma conuerſion, par l'exemple des deux Egliſes d'Iſraël & de Iuda, tres corrompuës & tres-Idolâtres, que les Eleus de Dieu qui eſtoient du corps de ces deux Egliſes, n'en ſont iamais ſortis, & ne les ont iamais abandonnées. De quoy j'ay rendu cette raiſon inuincible. Que Dieu a toujours reconnu l'Egliſe pour ſon Eſpouſe, & n'a jamais fait diuorce auec elle, quelque cor-rompuës, qu'ayent eſté les mœurs de ſes enfãs. C'eſt pourquoy Dieu dit

aux enfans de l'Eglise de Iuda, en
Isaïe chapitre 50. Où est ce libelle
de diuorce que i'ay enuoyé à vostre
mere pour la repudier? *Hæc dicit
Dominus. Quis est hic liber repudij
quo dimisi eam?* Et au chapitre 54.
le Prophete parlant à la mesme
Eglise. Dieu, dit-il, t'a appellée
comme vne femme delaissée, & rejettée dés sa ieunesse. *Vt mulierem
derelictam vocauit te Dominus, &
vxorem ab adolescentia abjectam.* Il
est vray que Dieu delaisse l'Eglise
son Epouse pour quelque temps,
pour la corriger, & non pas pour l'a-
bandonner tout à fait, non pas pour
la repudier, non pas pour luy en-
uoyer le libelle de diuorce. Or l'E-
glise & l'Espouse de Dieu estant
la Mere des Chrestiens, qui se disent & qui sont enfans de Dieu par
cette mesme Eglise; & Dieu n'aban-
donnant iamais l'Eglise son Epouse
pour quelque cause que ce soit, les
Chrestiens doiuent encore moins
abandonner l'Eglise leur Mere,
pour quelque cause que ce puisse

A vj

eftre. Ce que j'ay déduit plus particulierement dans la lettre que j'ay
efcritte à Philotime. Et ie vous fupplie, Monfieur, de la lire, pour
n eftre pas obligé de la tranfcrire en
celieu. Ie vous fupplie encore de
bien pefer les raifons que j'y ay al-
leguées, & de les communiquer
mefme à vos Miniftres. Car ie croy
certainement qu'ils n'y fçauroient
répondre. Et vous le trouuerez ainfi,
fi vous voulez prendre la peine de
les en requerir, comme la chofe le
merite.

Il y a quelques iours que ie priay
vne perfonne intelligente de vôtre
communion, de me dire vn paffage
de l'Efcriture-Sainte qui fauorifaft
la feparation que vos Reformateurs,
auoient faite. Elle ne manqua pas
de m'alleguer celuy de l'Apocalypfe. *Sortez de Babylon, mon peuple.* Qui eft le feul dont tous vos
Docteu s fe feruent pour autorifer
le Schifine. Car ils ont beau chercher dans toute l'Efcriture-Sainte,
ils n'y trouuent que celuy-là feul,

& n'en peuuent alleguer d'autre.
L'Eglife Romaine (me dit cette
Perfonne) eft vne Babylone. Nous
fommes le peuple de Dieu. Donc
nous auons efté obligés par le commandement exprés que Dieu nous
a fait, de fortir de l'Eglife Romaine.
Ie pretends, Monfieur, de vous
faire voir plus ferieufement dans
cette lettre, que ie ne le pus faire
dans vne conuerfation de complai-
fance, de quelle foibleffe eft ce rai-
fonnement; & s'il y a iamais eu lieu
de fonder vne action fi importante
à l'Eglife, & de telle confequence
pour noftre falut, qu'eft le Schifme;
fur vn paffage fi eloigné, fi prophetique; & s'il le faut ainfi dire, fi
chimerique, de la maniere qu'il
eft appliqué & tiré par les cheueux.

Les joüeurs de paffe-paffe, pour
tromper les yeux de leurs fpecta-
teurs, prononcent quelques mots
qui n'ont aucune fignification; &
les prononcent auec grimace &
myftere, pour faire accroire que ce

qu'ils fôt eft par la vertu de ces paroles, & non pas par l'adreffe de leurs
mains. Il y en a même, qui pour
guerir des morfures des ferpens,
des entorces ou des encloüeures de
cheual, fe feruent de paffages de
l'Efcriture-Sainte, qui ont quelque
rapport auec le mal qu'ils pretendent guerir. Ne vous fcandalifez
pas, ie vous prie, de la comparaifon;
fi ie dis que vos Reformateurs voulans faire le Schifme, & le voulans
faire contre tous les fentimens de
l'Efcriture-Sainte, foit de l'ancienne Loy, foit de la nouuelle; fe font
auifez de fafciner les Efprits de leurs
Sectateurs, par vn paffage de la
même Efcriture-Sainte, qui leur a
femblé auoir quelque conuenance,
& quelque rapport à leur deffein.
Et ie ne me puis affez émerueiller,
de la confiance de ceux qui ont ofé
produire ce paffage, & de la cre-
dulité de tant d'honneftes gens qui
ont donné dans cette chimere. Car
j'efpere, Monfieur, de vous decil-
ler les yeux, & de vous faire voir

icy clair comme le iour : Que le
Taſſe paſſe des joüeurs de Gobelets;
que *l'Ante-ſuperante* des Maqui-
gnons; & que le *Super Aſpidem & Baſiliſcum ambulabi.* des Saltin-ban-
ques, ne ſert non plus à ce qu'ils
font, ou à ce qu'ils pretendent faire,
que fait le *Sortez de Babylone mon peuple*, au Schiſme de Luter &
de Caluin.

Ce paſſage eſt dans le 18. chapitre
de l'Apocalypſe de S. Iean , où il
eſt eſcrit : Qu'vn Ange deſcendant
du Ciel, s'eſcria à haute voix. *Elle eſt cheute, elle eſt cheute Babylone la grande. Cecidit , cecidit, Babylon magna.* Et vn peu plus bas. *Sortez d'elle, mon peuple, afin que vous ne participiez, ni à ſes pechez, ni à ſes playes. Exite de illâ Populus meus, vt ne participes ſuis delictorum, & de plagis eius non accipiatis.*

Cette même Babylone eſt deſcrite
au Chapitre 17. precedent, dans
la même Apocalypſe, par vne Femme abandonnée à tout le monde,
aſſiſe ſur quantité d'eaux, qui s'eſt

proſtituée à tous les Roys de la
terre, & qui a enyuré tous les habitans de la terre du vin de ſa proſtitution. Il eſt eſcrit en ſuite. Que
S. Iean fut rauy en eſprit au deſert,
où il vit cette même Femme aſſiſe
ſur vne Beſte veſtuë d'écarlatte,
pleine de noms de blaſpheme, &
qui auoit ſept teſtes & dix cornes.
Cette même Femme eſt repreſentée
couuerte de pourpre, enrichie dor,
de pierreries, & de perles; tenant
en ſa main vne coupe dor, pleine
d'abomination, & des ſoüilleures
de ſes proſtitutions. Que ſon nom
eſtoit eſcrit ſur ſon front. *Myſtere.*
Babylone la grande, la mere des or-
dures & des abominations de la terre.
Qu'elle eſtoit enyurée du ſang des
Saints, & du ſang des Martyrs de
IESVS-CHRIST. Que l'Ange dît
apres cela à S. Iean. Que les ſept
teſtes de la Beſte ſur laquelle la
Femme eſtoit aſſiſe, ſont ſept Montagnes, & ſont ſept Roys. Que les
cinq ſont morts. Que l'vn eſt venu,
& que l'autre ne l'eſt pas encore.

Et que quand il sera venu, il faut qu'il demeure vn peu de temps. Et que la Beste qui estoit, & qui n'est plus, est la huictiéme qui doit estre adjoutée au nombre des sept, & qui va à perdition. Que les dix cornes de la Beste sont dix Roys. Que ces dix Roys donneront leur force & leur autorité à la Beste. Qu'ils hairont la Femme prostituée, qu'ils la desoleront, qu'ils la dépoüilleront, qu'ils mangeront sa chair, & feront bruler ses os au feu. Qu'ils donneront leur regne à la Beste, iusques à ce que les decrets de Dieu soient accomplis. Il dit en fin. Que la Femme est vne grande Cité, qui a son regne sur les Roys de la terre.

Apres vous auoir exposé la chose telle qu'elle est écritte dans l'Apocalypse; Nous deuons demeurer d'accord vous & nous. Que Babylone du 18. chapitre, est mesme chose que la Femme prostituée du 17. Premierement, parce qu'il est écrit à la fin de ce chapitre: Que la Femme est vne grande Cité. Secondement, parce que le nom de cette Femme eſt écrit ſur ſon front, *Babylone.*

Et lors que S. Iean a dit que cette Femme eſt vne grande Cité qui a ſon regne ſur les Roys de la terre. On ne ſçauroit non plus nier que cette Cité ne ſoit vne Cité myſtique, qui n'a iamais eſté en effect; parce qu'il n'y a iamais eu de Cité au monde qui ait eu vn Empire vniuerſel ſur les Roys de toute la terre: Et qu'il eſt conſtant que S. Iean ne nous a repreſenté cette Cité myſtique ſous le nom de Babylone, que parce que l'Empire des Perſes, dont Babylone eſtoit la capitale, a eſté reputé pour le premier de Empires vniuerſels; & que ſes Roys ont eſté appellez *Roys des Roys,* du temps des Prophetes : Quoy qu'en effet pas vn de ces Roys n'ait eu vn Empire vniuerſel ſur tous les Roys de la terre. Et cette même Babylone eſtoit d'autant plus myſtique à l'égard de S. Iean, que l'Empire des Perſes eſtoit aboly,

& que la veritable Babylone n'ê-
toit qu'vne ville Prouinciale de son
temps.

Cela posé & conuenu de cette
sorte : Examinons maintenant, si
cette Cité, ou cette Babylone my-
stique, se peut entendre mystique-
ment & raisonnablement de la ville
de Rome, & de la ville de Rome
Chrestienne & Catholique. Vos
Docteurs asseurent qu'ouy. Et ce
qui a donné lieu à leur premiere
conjecture a esté ; que cette Cité
est appellée par S Iean, *La grande
Cité, qui a son regne sur les Roys de la
terre.* Et que cette grande Cité est
la mesme que la grande impudique
du même Auteur, & du mesme chapitre, qui s'est abandonnée aux
Roys de la terre, & qui a enyuré
les habitans de la terre du vin de
sa prostitution. Ce que vos Reformateurs ont expliqué de la ville
de Rome, parce que la Monarchie
Romaine, dont Rome estoit la capitale, a esté reputée pour la qua-
triesme & la derniere des Monar-

chies vniuerſelles. Mais ils n'ont
pas conſideré que la terre en cét endroit de l'Apocalypſe, ſe doit entendre de la terre vniuerſelle. Et que
l'Apocalypſe ayant dit que cette
Cité qu'elle appelloit Babylone, regne ſur les Roys de la terre; a entendu qu'elle regne vniuerſellemét
ſur les Roys de toute la terre. Ce
qui n'a iamais pû conuenir à Rome
Payenne, quoy qu'on l'ait appellée
la maiſtreſſe du Monde : Parce que
Rome, non plus que Babylone,
n'a iamais eu l'Empire vniuerſel
ſur tous les Rois du Monde. Et ces
paroles de S. Iean peuuent encore
moins conuenir à Rome Chreſtienne & Catholique : Parce qu'eſtant
poſſedée par des Papes, qui ſont
des plus petits Princes ſeculiers de
la Chreſtienté; le domaine Eccleſiaſtique eſt ſi petit, que tant s'en
faut qu'il s'eſtende ſur tous les Roys
de la terre; Qu'il n'eſt point de ſi
petit Prince en Italie, voiſin de
l'Egliſe, qui ne faſſe la guerre aux
Papes qui veulent ſortir des limites

de leur territoire.

Vous me direz que le regne des Papes ſur les Roys de la terre, eſt vn regne Spirituel. Et que quand il eſt dit: Que la Femme impudique s'eſt abandonnée aux Roys de la terre, & que les habitans de la terre ſe ſont euyurez du vin de ſa proſtitution, cela ſe doit entendre d'vne proſtitution Spirituele : Et que cette impudique a faſciné les Roys & les peuples de la terre, par ſes ſuperſtitions , par ſes hereſies, & par ſes Idolâtries. A quoy ie reſponds: Que cela ne ſe doit non plus entendre de Rome Catholique. Parce que les Papes de Rome n'exercent leur autorité Spirituele, que ſur des Roys & ſur des Peuples Chreſtiens & Catholiques. Que la Chreſtienté eſt la plus petite de toutes les parties du Monde. Et ſi petite, quant au pouuoir que les Papes y ont ; retranchée qu'elle eſt dans l'Europe, par les Infideles d'vn côté, & par les Heretiques de l'autre;

qu'on peut dire que l'autorité Spirituele des Papes, n'eſt pas reconnuë de la centiéme partie de la terre.
Or eſt-il que cette Babylone & que
cette Femme impudique de l'Apocalypſe, eſtend ſa domination &
ſon empire ſur les Rois & ſur tous
les Peuples, qui ſont tous les habitans *de la terre*. Il s'enſuit donc, que
la Babylone, & que la Femme jm-
pudique de l'Apocalypſe, ne ſe
peuuent expliquer de Rome Catholique. Et que l'Apocalypſe s'eſt pro-
poſé quelque choſe de plus vaſte
& de plus grande eſtenduë que ce
que vos Reformateurs ſe ſont imaginez de Rome Catholique.

La ſeconde coniecture de vos
Docteurs n'eſt pas plus raiſonnable. Car ils diſent que cette Femme impudique eſtant repreſentée couuerte d'écarlatte & de pourpre, ne ſe peut expliquer que de
Rome Catholique. Parce que les
Papes & les Cardinaux de Rome
Catholique, ſont habillez de rou-
ge ou de violet. Ce qui eſt ſi ridi-

cule, qu'il ne merite que le mépris
pour toute réponſe.

La troiſiéme conjecture n'a plus
de force. Ils diſent que cette Femme impudique porte ſon nom écrit
ſur ſon front, *Myſtere.* Or eſt-il que
le Pape porte écrit ſur le front de ſa
Thiare, *Myſtere.* Donc le Pape eſt
cette Femme impudique. Et Rome
Catholique eſt la Babylone de l'A-
pocalypſe. Mais quand même les
Papes auroient porté le mot de
Myſtere, écrit ſur le front de leur
Thiares (ce que ie ne ſçay pas au
vray) & quand même ils le porteroient encore; l'inſtitution de ce
Myſtere ſeroit venuë de la Mytre ou
de la Tiare du Souuerain Pontife
des Iuifs , qui portoit vne Lame
d'or tres-pur, attachée ſur le front
de ſa Thiare, auec des rubans de
couleur d'hyacinte; ſur laquelle Lame eſtoit écrit en ouurage de Pierreries enchaſſées; *Le Saint du Sei-*
gneur : comme il ſe lit au chapitre
39. de l'Exode. Et cette conformité
de coëffure du Souuerain Pontife

des Chrestiens, auec celle du Souuerain Pontife des Iuifs, n'auroit
pû estreque tres-sainte. Car le mot
de Mystere escrit sur le front de la
Thiare du Souuerain Pontife des
Chrestiens, qui est Iesvs-Christ,
seroit le même quele Saint du Sei-
gnœur des Iuifs.

Il y a de plus, de la mauuaise foy
dans cette application. Car les mots
de l'Apocalypse sont tels. *Et in
fronte eius nomen scriptum. Myste-
rium. Babylon magna, Mater for-
nicationum & abominationum terræ.*
Le nom de la Femme impudique
estoit écrit sur son front, dit S. Iean.
Et quel estoit ce nom ? *Babylone la
grande, Mere des ordures & des
abominations de la terre.* Car le mot
de *Mystere,* n'est pas du nom &
n'entre pas dans ce nom. Ce mot
n'a esté mis là, que pour nous faire
entendre que cette Femme impudique a esté comparée à vne grande
ville par Mystere. Iugez donc, Monsieur, si le grand Mystere que vos
Reformateurs ont fait du du mot

de

Myſtere, écrit ſur le front de la
Tiare des Papes, a deu eſtre d'vne
vertu aſſez conſiderable, pour vous
perſüader que les Papes de Rome
ſont la Femme impudique & la Babylone de l'Apocalypſe. Car ſi les
Papes eſtoient cette Femme, &
cette ville (la Femme & la ville
n'eſtant qu'vne meſme choſe) les
Papes porteroient, ou auroient
porté le nom de cette Femme, & le
nom de cette ville, qui eſt *Baby-*
lone la grande, & c. écrit ſur le front
de leurs Tiares. Mais les Papes
n'ont iamais porté ce nom. Donc les
Papes ne ſont non plus cette Femme,
que la ville de Babylone.

La quatriéme coniecture qui a
donné le dernier branle à l'opinion
de vos Reformateurs, & qui leur
a fait croire comme article de foy :
Que Rome Catholique eſt la Babylone, & la Femme impudique
de l'Apocalyſe, eſt celle-cy. Qu'il
eſt écrit dans S. Iean, que cette
Femme eſtoit aſſiſe ſur vne Beſte
couuerte d'écarlatte. *Vid. mulierem*

sedentem super Bestiam coccineam.
Que cette Beste auoit sept testes,
& dix cornes. Et vn peu plus bas.
Que les sept testes sont sept Montagnes. Or est-il, disent vos Docteurs, que Rome Catholique est
éclatante d'écarlatte, & que Rome
Catholique est assise sur sept Montagnes, comme l'estoit Rome Payenne. Donc Rome Catholique est
la Femme impudique & la Babylone de l'Apocalypse.

A cela, Monsieur, ie réponds:
Que vos Reformateurs ont tronqué le passage de S. Iean. Car S.
Iean a dit. *Septem capita, septem
Montes sunt, super quos Mulier se-
det, & Reges septem sunt.* C'est à
dire, les sept testes de la Beste, sont
sept Montagnes, & sont sept Roys.
Donc les sept testes de la Beste ne
se doiuent pas seulement expliquer
par sept Montagnes: mais par sept
Roys aussi. Et les sept Montagnes,
& les sept Roys, ne sont qu'vne
mesme chose, entenduë mystique-
ment par les sept testes de la Beste.

N'y ayant pas d'apparence que sept
deût signifier quatorze, comme il
le feroit si les sept Montagnes &
les sept Roys signifioient en ce lieu
deux fois sept choses differentes. Or
ceux qui sont versez dans la lecture
de l'Escriture-Sainte, sçauent que
les Montagnes sont prises pour des
Roys, suiuant le stile des Prophetes.
De là viennent les titres superbes
de *Tres-hauts*, que les Roys s'attri-
buét, & celuy *d'Altesse*, qu'on donne
aux Princes.

Pour vous faire voir sans contredit, que les sept testes de la Beste
se doiuent entendre de sept Roys:
Et que les sept Montagnes signi-
fient sept Roys. S. Iean apres auoit
dit, *Septem capita septem Montes
sunt, & septem Reges sunt.* Il ne
s'arreste plus à l'explication des
Montagnes, & poursuit celle des
Roys, quand il dit tout ioignant.
*Quinque ceciderunt. Vnus est: Et
alius nondum venit.* C'est à dire,
Des sept, les cinq sont tombez.
L'vn est venu, & l'autre ne l'est

pas encore. Ce qui ne peut estre
entendu que des Roys, & ne peut
estre rapporté en façon quelconque
à des Montagnes. Ce qui est con-
uainquant aussi, pour ne douter
nullement que l'Apocalypse n'ait
entendu sept Roys par les sept restes
de la Beste. Et que c'est vn chimere
de croire qu'elles se doiuent expliquer des sept Montagnes de Rome.

Ioint qu'il y a long temps que
les sept Montagnes de l'Ancienne
Rome sont enseuelies sous les ruines multipliées, sur lesquelles la
nouuelle Rome est bastie. Et qu'il
est faux que Rome Catholique soit
assise sur sept Montagnes. Rome
Payenne l'estoit. *Et quæ de septem*
totum circumspicit orbem, Montibus;
dit le Poëte. Mais Rome Catholique ayant enfermé dans l'enclos
de ses murailles, le Vatican, & le
Ianicule, qui estoient hors de l'ancienne Rome; On peut dire que
Rome Catholique est bastie sur
neuf Montagnes, & non pas sur
sept. De sorte, que suiuant le sens

mefme de vos Docteurs, les fept Montagnes de l'Apocalipfe, expliquées des feptMontagnes deRome, ne fe deuroient entendre que des fept Montagnes de Rome Payenne, & non pas des neuf Montagnes de Rome Catholique.

Vos Reformateurs fe font joüez de l'Apocalypfe comme d'vne cloche, pour luy faire dire par caprice tout ce qui leur eft venu dans la fantaifie. Et ie leur demanderois volontiers, pourquoy ils n'ont pasplûtoft expliqué les fept Montagnes de la Befte, des fept Montagnes de Conftantinople, que des neuf Montagnes de Rome. Car il eft certain que Conftantinople eft encore auiourd'huy baftie fur fept Montagnes, comme l'eftoit l'ancienne Rome. Etla Religion de Mahomet qui renie IESVS-CHRIST, eftant affife fur les fept Montagnes de Conftantinople, il y auroit bien plus d'apparence de fe figurer, que S. Iean auroit entendu parler de cette Religion Infidele, par la Femme

impudique de son Apocalipse; que
de la Religion Catholique, qui est
la Religion de IESVS-CHRIST, qui
professe & qui preche IESVS-
CHRIST. Que si vous me demandez
quel est mon sentiment là dessus.
Ie vous diray, Monsieur, fort inge-
nuement, qu'il me semble que S.
Iean n'a entendu parler en ce lieu,
ni de Rome, ni de Constantinople.
Et que sa pensée sur le sujet de la
Femme impudique, va beaucoup
au delà de l'vne & de l'autre Ville:
bien loin de me determiner pour
l'vne ou pour l'autre. Ce qui me fait
dire encore vne fois, que ie ne me
puis assez estonner de la hardiesse
de vos Reformateurs, d'auoir osé
establir le Schisme en article de Foy,
& en article de Foy si contraire à la
Foy de l'Euangile, sur ce seul passage
de l'Apocalypse, si embarrassé & si
enigmatique; qu'ils n'ont iamais entendu, & que qui que ce soit ne sçauroit entendre, que le Seau des Propheties ne soit leué.

Quand ie dy que vos Reforma-

teurs n'ont pas entendu ce paſſage;
ne croyez pas, Monſieur, que i'en-
treprene de vous l'expliquer. A
Dieu ne plaiſe qu'il me vienne iamais vne telle penſée, de fonder
quelque coniecture que ce ſoit touchant les articles de ma Foy, ſur des
choſes ſi obſcures & ſi cachées, comme ſont les Reuelations de l'Apocalypſe. Ie me contenteray de vous
dire. Qu'il eſt certain que S. Iean
a pris ces paroles, *Sortez de Baby-*
lone mon peuple, du 48. chapitre d'I-
ſaie; où Dieu commande aux Iuifs
de ſortir de la captiuité de Babylone, ſoit de la premiere captiuité,
ſoit de la ſeconde. Il y a de l'apparence que le Prophete a entendu
parler de la ſeconde, & de la même
captiuité dans laquelle nous voyons
encore les Iuifs eſpars & errans
par tout le monde. Ie le coniecture
par les paroles de ce paſſage meſme, où le Prophete dit: *Egredi-*
mini de Babylone : Fugite à Chaldæis.
In voce exultationis annunciate. Au-
ditum facite hoc, & efferte illud vſque

ad extrema terræ ; dicite : Redemit
Dominus feruum fuum Iacob. C'eſt
à dire : Sortez de Babylone : Fuyez
de la Chaldée. Annoncez en voix
d'exultation. Faites entendre cecy,
& le publiez iuſques aux bouts de
la terre : Dites, Dieu a racheté ſon
feruiteur Iacob. Car les bouts de la
Terre, qui ſont les extremitez de la
Terre, dont le Prophete a parlé en
ce lieu, ne ſe doiuent pas reſtraindre
à la ſeule ville de Babylone. Et partant ce paſſage ne doit pas eſtre entendu de la premiere captiuité de
Babylone.

Ce qui me confirme dans cette
croyance eſt ; Que la meſme choſe
eſt écrite en Ieremie, chapitre 50.
Recedite de medio Babylonis, & de
terra Chaldæorum egredimini; & eſto-
te quaſi hædi ante gregem. Retirez-
vous du milieu de Babylone, ſortez
de la terre des Chaldéens, & ſoyez
comme des cheureaux deuant le
troupeau. Car le Prophete Ieremie
parle d'vn temps auquel Babylone
doit eſtre totalement détruite : à

quoy il employe tout le chapitre 50.
& 51. de sa Prophetie. *In diebus illis,*
& in tempore illo, dit le Prophete
chapitre 50, *venient filij Israël, ipsi,*
& filij Iuda simul, ambulantes & flen-
tes. Properabunt, & Dominum suum
quærent. In Sion interrogibunt viam.
Huc facies eorum. Venient, & appe-
nentur ad Dominum fœdere sempiter-
no, quod nulla obliuione delebitur.
C'est à dire. En ces iours-là, & en
ce temps-là (qui sera le temps de la
cheute & de la destruction totale
de Babylone) les enfans d'Israël
viendront, eux, & les enfans de Iuda
joints ensemble, marchans & pleu-
rans. Ils se hâteront , & cherche-
ront le Seigneur leur Dieu. Ils de-
manderont le chemin de Sion. Leurs
visages seront tournez de ce costé-
là. Ils y arriueront , & seront pre-
sentez au Seigneur en alliance eternelle, & dont la memoire ne sera
iamais abolie.

Ce qui ne peut conuenir au premier retour de Babylone. Premierement;parce que Babylone a long-

temps fleury & regné apres ce premier retour. Secondement ; parce qu'au premier retour, les dix Tribus d'Ifraël ne reuindrent point auec les Tribus de Iuda & de Benjamin. Et qu'il eſt expreſſément noté en cét endroit de Ieremie, qu'à cét autre retour les enfans d'Ifraël, qui ſont les dix Tribus, reuiendront auec la Tribu de Iuda. En troiſiéme lieu ; parce qu'apres ce premier retour, Dieu a rejetté les Iuifs de la derniere rejection, & les a abſolument chaſſez de la Terre-Sainɛte : Et qu'il eſt formellement propheti-ſé en ce lieu, qu'à cét autre retour, Dieu fera vne alliance inuiolable & eternelle auec les Iuifs, de les eſta-blir dans vne poſſeſſion ſi ferme & ſi aſſeurée de la meſme Terre-Sain-te, qu'ils n'en ſeront iamais ébran-lez. Ce qui eſt énoncé plus claire-ment dans la prophetie de Baruc, diſciple de Ieremie, au chapitre 2. *Et ſtatuam illis Teſtamentum alterum ſempiternum, vt ſim illis in Deum, & ipſe mihi erunt in Populum. Et non*

*mouebo amplius filios Ifraël populum
meum, à Terrâ quam dedi illis.* I'établiray vne feconde & eternelle alliance auec les Iuifs. Ie feray leur Dieu, & ils feront mon Peuple. Et ie ne les ébranleray iamais de la Terre que ie leur ay donnée. Ce qui n'étant pas arriué apres le premier retour de la captiuité de Babylone, ne peut eftre expliqué en façon quelconque du mefme retour.

Il fe peut faire, Monfieur, que S. Iean fuiuant les Propheties d'Ifaie & de Ieremie, a eu la mefme veuë & la mefme penfée pour les Iuifs, qui doiuent eftre rappellez à la fin du fiecle; puifqu'il a rapporté dans fon Apocalypfe les mefmes paroles de ces deux Prophetes. *Sortez de Babylone, mon Peuple!* Car dans toute l'Efcriture-Sainĉte *le Peuple de Dieu,* fe doit entendre literalement des Iuifs. Quoy que ie ne nie pas qu'en quelques endroits il fe doit entendre literalement auffi des Gentils appellez à la connoiffance de l'Euangile;& qui font reputez Iuifs.

entant qu'ils ont part au salut des Iuifs.

Il est vraysemblable aussi, que comme dans le lāgage de l'Escriture la ville de Ierusalem est prise bien souuent pour toute l'Eglise, & pour tout le corps des Iuifs : la ville de Babylone se doit prendre dans ces deux endroits d'Isaie & de Ieremie, pour tout le corps des Gentils , & pour tout le corps du Paganisme; parce que du temps de ces deux Prophetes, Babylone estoit la plus grande, la plus celebre , & comme la capitale des villes des Gentils & du Monde. C'est pourquoy le Prophete Isaie parlant de la destruction de Babylone, disoit d'elle au chapitre 47. *Non vocaberis vltra domina Regnorum.* On ne t'appellera plus la Reine des Royaumes. Et Ieremie menace ouuertement toute la terre sous le nom de Babylone, quand il dit au chapitre 51. *Calix aureus, Babylon, inebrians omnem terram ; de vino eius bibent Gentes.* La voicy, ô Babylone ! cette coupe d'or

qui a enyuré toute la terre. Les nations boiront de son vin. Le mesme
Prophete dit la mesme chose de Babylone au chapitre 51. *Quæ habitas
super aquas multas*, qui habites sur
multitude d'eaux. C'est à dire, qui
domines sur multitude de peuples.
Et luy-mesme s'étonnant de la ruine
de Babylone, dit ces mots au chapitre 50. *Quomodo confractus & con-
tritus est malleus vniuersæ terræ ? Quomodo versa est in desertum Babylon in
gentibus ?* Comment a esté brisée celle qui brisoit toute la terre ? & comment est deuenuë deserte celle qui
regnoit sur les nations ? Ce qui a du
rapport auec l'Apocalypse de sainct
Iean, où Babylone la grande est representée par cette Reine impudique ; c'est à dire, idolatre & Payenne, qui est assise sur quantité d'eaux,
où comme l'explique le mesme
Saint Iean, qui domine sur quantité de peuples ; & qui regne sur
les Roys de la terre : qui s'est prostituée à ces Roys : qui a enyuré

tous les habitans de la terre du vin de sa prostitution : & qui s'est enyurée elle-mesme du sang des Saints, & du sang des Martyrs de Iesvs-Christ. Par où se voit bien clairement representée la Gentilité ou le Paganisme qui est le corps de la religion Gentile ou Payenne, qui a dominé sur tous les peuples, & qui a regné sur tous les Roys de la terre : sans en excepter mesme les Iuifs, qui estoient le peuple de Dieu, à qui la Religion impudique & idolatre, a fait boire comme aux Gentils, de la coupe d'or pleine d'abominations, & des souilleures de ses prostitutions. C'est à la Religion Gentile & Payenne que conuiennent parfaitement ces paroles. *Qu'elle s'est enyurée du sang des Saints, & du sang des Martyrs de* Iesvs-Christ. Car la Religion Payenne a eu les mains pleines du sang des Iuifs, que l'Escriture-Sainte appelle *Saints, & la Nation Sainte.* Et la mesme Religion Payenne s'est enyurée du sang des Martyrs Chrestiens, qui sont

les Martyrs de IESVS-CHRIST. De
quoy l'histoire des Iuifs & des Chrêtiens, rend vn fidele témoignage. Et
la chose est si claire, qu'elle parle
d'elle-mesme.

Or Dieu voulant vanger sur les
Gentils, & sur toutes les nations
Payennes, les cruautez qu'elles ont
exercées, & qu'elles exercent encore tous les iours contre les Iuifs;
Il commande aux Iuifs par ses Prophetes de sortir de Babylone. C'est
à dire, de sortir hors de toutes les
nations parmy lesquelles ils sont
épars, de peur qu'ils ne participent
à la punition que Dieu en fera. Tout
ainsi que Dieu commanda à Lot de
sortir de Sodome, pour le garantir
de l'embrazement des Sodomites.

Ieremie est exprés pour cela au
chapitre 50. où il parle de la subuer-
sion de Babylone, comme de la sub-
uersion de Sodome & Gomorrhe.
*Sicut subuertit Sodomam & Gomor-
rham, & vicinas eius.* C'est pourquoy il dit au mesme lieu. *Fugite de
medio Babylonis, & saluet vnusquis-*

que animam suam ab irâ furoris Do-
mini. Fůyez du milieu de Babylone,
& qu'vn chacun de vous, ô Iuifs!
ſauue ſon ame de la colere embrazée
du Seigneur. L'Apocalypſe dit la
meſme choſe en cét endroit. *Exite*
ex illa Populus meus, vt ne participes
ſitis delictorum, & de plagis eius non
accipiatis.

Et pour vous demontrer que, *Po-*
pulus meus, ſe doit entendre icy des
Iuifs: Vous ſçaurez, Monſieur, que
l'Apocalypſe n'a pas eſté écrite pour
les Chreſtiens ſeulement; mais qu'elle a eſté écrite pour les Iuifs auſſi.
De quoy ie ne veus point d'autre
preuue que le chapitre 7. du meſme
liure, & beaucoup d'autres endroits
du meſme Autheur que ie ne cite
point, tirez des Prophetes : Que les
Prophetes ont originairement écrits
pour les Iuifs, & que S. Iean a appli-
quez par ſignification allegorique
& prophetique, aux Chreſtiens;
entant, comme i'ay dit, que les Chrêtiens ont part au ſalut des Iuifs.

Mais pour conuaincre ſans repli-

que l'erreur de vos Reformateurs,
qui ont pris Babylone pour la ville
de Rome. Confiderez s'il vous plaift,
que fuiuant les paroles de Ieremie,
la deftruction de Babylone fuiura
immediatement la fortie du peuple
de Dieu de Babylone ; tout ainfi
que l'embrazement de Sodome fui-
uit immediatement la fortie de Lot
de Sodome. C'eft pourquoy Ieremie exhorte les Iuifs en fortant de
Babylone, d'eftre comme des cheureaux deuant le troupeau. C'eft à
dire, de prendre le deuant, & de
n'eftre pas des derniers à fe retirer,
chap. 50. Et il eft écrit au mefme lieu.
Vox fugientium, & eorum qui cuaferunt de terra Babylonis; vt annuncient in Sion vltionem Domini Dei noftri. C'eft à dire : il s'eleue vne
voix de ceux qui s'enfuyent de Ba-
bylone, & qui fe font fauuez de fes
ruines, pour annoncer en Sion la
vangeance que le Seigneur noftre
Dieu en a prife. Ce qui n'eft point
arriué à la ville de Rome, quand vos
Reformateurs font fortis de fa com-

munion. Si bien, Monſieur, que
nous vous permettrons de dire (ce
que pourtant nous ne vous accor-
derons pas) que la Babylone de S.
Iean eſtoit la ville de Rome Catholique. Nous vous permettrons de
dire, que les Sectateurs de Luter &
de Caluin qui ſortoient de la communion de Rome, eſtoient le Peuple de Dieu qui ſortoit de Babylone. Nous vous permettrons de dire
encore que Vittemberg eſtoit la
Sion des Sectateurs de Luter, & que
Geneve eſtoit la Sion des Sectateurs
de Caluin. Mais vous nous permettrez de dire auſſi que les Sectateurs
de l'vne & de l'autre Reformation,
en ſortant de la communion de Rome, n'ont iamais pû annoncer auec
verité, dans l'vne ou dans l'autre de
ces deux Sions imaginaires, la deſtruction de la ville de Rome, & la
vangeance que Dieu en auoit priſe.

Il y a ſix ou ſept vingts ans que
voſtre pretenduë Reformation s'eſt
éleuée. Il y a long-temps que Caluin
& Luter ſont morts. Et Rome Ca-

tholique n'a iamais esté si florissante ni si pompeuse qu'elle a esté, & qu'elle est, depuis la reuolte de ces deux Reformateurs Schismatiques. Et toutesfois, suiuant leur raisonnement; C'est à dire, si les Propheties de Ieremie & de S. Iean se deuoient expliquer suiuant les pensées de vos Docteurs ; on ne parleroit plus de Rome, depuis qu'on parle du Luteranisme & du Caluinisme. Et Rome Catholique seroit aneantie, dés le moment que les Luteriens & les Caluinistes sortirent de sa communion. Ce qui n'estant pas, il s'ensuit que vos Prophetes se sont trompez , & qu'ils sont notoirement conuaincus de faux.

Apres vous auoir expliqué les rapports qu'il y a de l'Apocalypse de S. Iean auec les Propheties d'Isaie & de Ieremie : Iugez, Monsieur, s'il y a quelque apparence de croire que ces Prophetes ayent entendu, par le commandement qu'ils ont fait aux Iuifs de sortir de Babylone, de commander à Luter & à Caluin de

fortir de la communion de l'Eglife
Romaine. Il y a beaucoup moins de
vray-femblance de s'imaginer que
S.Iean ait eu cette penfee. Et vous
ayant prouué combien le *Sortez de
Babylone* de S.Iean, eft éloigné de
l'explication qu'en ont donné vos
Reformateurs ; il importe que ie
vous faffe remarquer, combien le
Sortez de Babylone, d Ifaie, eft éloigné de la confequence qu'on en tire,
qu'il eft commandé par ce paffage
de fortir de l'Eglife de Dieu , lors
qu'elle eft corrompuë : Et que Babylone fignifie l'Eglife de Dieu corrompuë.

Car fi le Prophete l'euft entendu
de cette forte, & qu'il euft efté infpiré de Dieu, que *Sortez de Babylone*,
euft efté, fortez de l'Eglife de Dieu
corrompuë il auroit fans doute luy-
mefme fait ce qu'il auroit commandé aux autres. C'eft à dire, il feroit
luy-mefme forty de l'Eglife Iudaïque , idolâtre & corrompuë ; &
qui eftoit du temps d'Ifaie beaucoup plus deprauée que Caluin ne

s'eſtoit fauſſement imaginé que l'é-
toit l'Egliſe Catholique , lors qu'il
entreprit de la reformer. Car Iſaie
repreſente Ieruſalem, qui eſtoit l'E-
gliſe Iudaïque de ſon temps , la plus
débauchée de toutes les Egliſes. Et
il s'écrie au chapitre premier de ſa
Prophetie. *Quomodo facta eſt Me-*
retrix ciui as fidelis ? Comment s'eſt-
il pû faire que la Cité fidele ſoit deuenuë infidele & proſtituée?

Mais quoy qu'Iſaie ſceût que l'E-
gliſe Iudaïque eſtoit corrompuë au
dernier point , il n'en ſortit iamais.
Il perſeuera à prêcher la reformation dans cette meſme Egliſe : Et
perſeuera auec tant de ſuccez , qu'il
obligea le Roy Ezechias à en chaſſer l'idolatrie. Car ce fut le ſeul de
tous les Roys de Iuda qui fit la reformation totale de l'Egliſe Iudaïque , & qui en chaſſa abſolument
l'idolatrie , comme il ſe lit au 4. liure des Roys. C'eſt ce que Caluin
deuoit faire, s'il euſt eſté auſſi bon
& auſſi grand Prophete qu'Iſaie.
Croyant (comme il le pretendoit)

que l'Eglise Catholique eftoit corrompuë ; il y deuoit demeurer pour
la reformer, & n'en fortir iamais.
Mais il ne fe voulut pas expofer au
peril d'Ifaie. Il fçauoit qu'Ifaie auoit
à la fin fouffert le martyre. Et c'eft
ce que Caluin ne vouloit pas fouffrir. Il fe retira à Geneve, & dans
vne place bien baftionnée, où il
trouua le Schifme formé, tel qu'il
l'auoit fait. Et d'où il le fomenta
par fes predications, & par fes écrits,
dans toutes les Prouinces où fa fecte
preualut.

Qu'euft-il fait ? me direz-vous, ne
fe croyant pas appellé au Martyre,
& ne fe fentant pas affez de force
pour s'y expofer ? Ie vous diray,
Monfieur, en peu de mots ce que ie
crois qu'vn homme de bien doit
faire en telle rencontre. Celuy que
Dieu a illuminé d'vne connoiffance
extraordinaire, & à qui Dieu a donné la force de ne craindre, ni Roys,
ni Princes, ni Souuerains Pontifes.
Celuy qui fe fent infpiré de Dieu
pour refifter en face aux fucceffeurs

de S. Pierre, comme S. Paul reſiſta à
S. Pierre meſme. Celuy-là trahit la
cauſe de Dieu, s'il n'a pas vn viſage
de fer, & vn front d'airain, contre
les Roys, contre les Princes, &
contre les Souuerains Pontifes,
pour leur dire en face tout ce que
Dieu aura mis dans ſa bouche. Et il
eſt vn lâche, ſi pour ſe bien acquiter
de ce deuoir, il n'eſt pas reſolu à
tous les euenemens qui luy en pour-
roient arriuer. C'eſt ainſi qu'en a
vſé le grand Elie, & qu'en ont vſé
tous les Prophetes qui l'ont ſuiui,
iuſques à Zacharie le dernier de
tous, qui fut tué entre le Temple &
l'Autel; comme il eſt écrit en ſainct
Matthieu, chapitre 23. Où vous remarquerez, Monſieur, que tous ces
Prophetes ont toûjours demeuré
dans l'Egliſe quoy que corrompuë
dans les mœurs de ſes enfans: Que
pas vn d'eux n'en eſt ſorty : Que pas
vn d'eux n'a fait de ſchiſme ny de
ſecte à part: Qu'ils ont toûjours preché contre l'idolatrie, & toûjours
preché pour la reformatiõ de l'Egliſe

Iuifve, dans l'Eglise Iuifve mefme. D'où ie tire cette confequence demonftratiue; Que la vocation de Caluin eftoit fauffe. Car
il a fait tout le contraire de ce
que tous les Prophetes ont fait.
Il a fuy le Martyre, & a fait le
fchifme.

Ie vous diray maintenant ce que
Caluin deuoit faire. Celuy à qui
Dieu a donné affez de lumiere pour
connoiftre les defordres qui font
dans fon Eglife, & pour en fouhait-
ter la reformation : Mais qui ne fe
fent pas affez fort, foit par fa vocation, foit par fon autorité, pour tan-
ter cette reforme; Celuy-là fe doit
contenter de fe reformer foy-mef-
me, & de reformer s'il luy eft poffi-
ble, fon amy & fon prochain : Pourueu que ce foit fans fcandale : C'eft
à dire, fans faction, fans violance, & fans fchifme. Que fi
le defordre domine à vn tel point,
qne la perfecution foit ouuerte contre ceux qui demandent cette reformation : Le mefme éclairé, fe doit

contenter

contenter d'eſtre reformé dans l'in-
terieur,& dans le ſecret,ſans le communiquer qu'à luy-meſme. Et il doit
imiter en cela les ſept mille Eleus
que Dieu s'eſtoit reſeruez du temps
d'Elie, qui n'auoient pas fléchy les
genoux deuant Baal,& qu'Elie meſme ne connoiſſoit pas. Ces Eleus
de Dieu ſe reformoient eux-meſ-
mes, ſans le communiquer à qui
que ce ſoit qu'à eux meſmes. Et ils
ſe reformoient ſur le liure de la
Loy , ſur les liures de Moyſe , &
ſur les Traditions les plus pures
qu'ils auoient receuës de leurs peres, ſoit par leurs écrits, ſoit par
leur parole. Caluin deuoit imiter
ces ſept mille Eleus de Dieu. Il ſe
deüoit contenter deſe reformer luy-
meſme : Et de ſe reformer ſur les
liures du vieil & du nouueau Teſta-
ment ; Sur les écrits des Saints Peres ,ſur les decrets des Conciles canoniques , & ſur l'Hiſtoire Eccleſiaſtique : Qui ſont les meſmes liures
ſur leſquels ſeuls Caluin pouuoit
pretédre de faire ſa Reformation; Et

que Caluin ne pouuoit receuoir que de l'Eglife Catholique feule, qui les a toûjours retenus, & qui les conferue toûjours inuiolablement.

Permettez-moy, Monfieur, la liberté que ie prens de vous dire, que vous eftes obligé par raifon de faire ce que Caluin deuoit faire par la mefme raifon. Et que s'il a eu tort de fortir de l'Eglife Catho'ique; vous auriez le mefme tort, fi reconnoiffant la faute qu'il a faite, vous faifiez difficulté de reuenir dans la mefme Eglife. Or ie ne veux que vous mefme pour iuger du tort qu'il a eu apres ce que ie viens de vous écrire. Reuenez donc, Monfieur, dans le fein de cette Eglife que vos peres ont abandonnée, & qu'ils n'ont abandonnée que par la feduction de vos pretendus Reformateurs. C'eft voftre Mere qui vous tend les bras. Ne luy refufez pas les vôtres. Donnez-luy voftre cœur, comme elle vous ouure le fien.

Quand vous vous ferez reconci-

lié auec l'Eglife, fi vous trouuez
chez elle quelque chofe qui ne foit
pas reformé au point qu'il deuroit
eftre; Elle vous conuiera de vous reformer vous mefine, fur la regle infaillible qu'elle vous donnera de
l'Efcriture-Sainte, des Saints Peres,
des Conciles canoniques, & des an-
ciennes Traditions des Apoftres,
contenuës dans l'Hiftoire de l'Eglife
mefme. Le depoft de ces liures fa-
crez luy a efté confié par IESVS-
CHRIST fon Efpoux. Et luy a efté
confié pour vous en faire part. On
vous abufe, Monfieur, quand on
vous dit que l'Eglife Catholique
deffend la lecture de ces liures. Ils
font dans le commerce public. Et
on ne deffend pas de lire ce qui eft
expofé en vente dans les boutiques
ouuertes. Ie vous affeure que vous
aurez la liberté de les acheter & de
les lire. C'eft dans ces liures que
Caluin a pretendu trouuer fa reformation. C'eft dans ces mefmes liures
que vous trouuerez que fa reformation eft mal faite. Et que vous vous

refotmerez beauconp mieux vous à
mefine , que Caluin ne vous a re-
formez.

Nous ne nions pas qu’il n’y ait des
temps qu’il fe rencontre dans l’E-
glife Catholique des efprits qui la
troublent, & qui conuertiffent l’E-
uangile de Iesvs-Christ à l’vfage
des chofes qui feruent , ou à leur
auarice, ou à leur ambition. *Sunt
qui vos conturbant, & volunt conuer-
tere Euangelium Chrifti* , dit S. Paul
aux Galates, ch. 1. Il s’y gliffe de faux
Apoftres, & des ouuriers trompeurs,
qui fe transfigurent en Apoftres de
Iesvs-Christ. *Sunt Pfeudo Apofto-
li , operarij fubdoli , transfigurantes fe
in Apoftolos Chrifti,* 2. Corint. chap. 11.
Ces faux Apoftres peuuent eftre de
noftre temps dans l’Eglife de Iesvs-
Christ, comme ils eftoient du
temps de S. Paul dans la mefine Eglife. *Sunt plurimi,* dit ce grand Apôtre, *adulterantes verbum Dei,* 2. Corinth. chap. 2. Ces faux Docteurs
fement de fauffes opinions dans l’E-
glife, & y corrompent les fens de la

parole de Dieu. Mais contre la contagion de ces corruptions & de ces
erreurs, vous ferez, Monſieur, ce
que l'Egliſe meſme fait en telle rencontre. Vous vous tiendrez ferme à
l'Eſcriture-Sainɛte, vous conſulterez les Peres, vous conſulterez les
Conciles, vous conſulterez l'vſage
ancien de l'Egliſe. Vous viurez &
ſeruirez Dieu, ſuiuant la regle infaillible que vous trouuerez dans
la lecture de ces liures. Et vous
direz auec ſainɛt Paul, aux Romains, chapitre 8. *Que ni les Anges, ni les Principautez, ni les
Vertus, ne ſont pas capables de vous
ſeparer de la Charité de Dieu en*
I E S V S - C H R I S T, *Et aux Galates chapitre 1. Si vn Ange du Ciel
vous Euangeliſe autre choſe que le
Chriſtianiſme, il vous ſera ana-
theme.*

Vous remarquerez, s'il vous plaiſt,
en cét endroit: Que S. Paul par ces
mots, *d'Anges, de Principautez, &
de Vertus,* nous a voulu repreſenter
la ſacrée Hierarchie du Clergé de

l'Eglise, qui est composée de diuers
Ordres dependans les vns des autres, comme la Celeste Hierarchie
est composée d'Anges, de Principautez, & de Vertus, subalternes les
vnes aux autres. Et que le S.Apôtre
nous a voulu faire entendre par la;
Que dans l'ordre mesmè Hierarchique de l'Eglise, il s'y peut trouuer de
faux Docteurs, & de faux Apoftres,
qui troublent le repos de l Eglise,
qui corrompent le sens de l'Escriture
Sainte, & qui infinuënt de fausses
doctrines. Que ce grand Apoftre ne
nous ordonne pas de nous separer
de l'Eglise où feront ces faux Docteurs. Au contraire, qu'il nous exhorté de ne nous feparer iamais de
la charité de Dieu en IESVS-
CHRIST. Que cette Charité confifte à nous tenir joints & coliez à
IESVS-CHRIST, & à l'Eglise fon,
Efpoufe; pour ne l'abandonner iamais, pour la deffendre contre la
tyrannie des faux Apoftres ; Et
pour confondre ces faux Docteurs
par l'Efprit de la bouche du Sei-

gneur , qui est l'esprit de sa parole.

C'est de la maniere qu'en ont vsé
les anciens Peres de l'Eglise, qui ont
succedé aux Apostres. Ils ont crié
contre de tels faux Docteurs , &
contre de tels faux Apostres. Et se
sont quelquesfois attaquez aux principales testes du Clergé de Rome.
Ils ont mesme traitté l'Eglise Romaine corrompuë en ses mœurs, de
Babylone Apocalyptique : Et ils
l'ont comparée à la Femme impudique du mesme liure. Ce qu'ils ont
fait par allegorie , pour faire voir à
l'Eglise la corruption de ses enfans,
pour luy faire honte , & pour l'o-
bliger de reuenir a elle. Mais pas
vn de ces Peres n'a poussé l'allegorie à ce point, qu'ils ayent conseillé
ni permis à qui que ce soit, de sortir
de cette mesme Eglise corrompuë.
Et eux-mesme ne l'ont iamais fait.
Ils n'ont pas esté des chiens muets.
Ils ont esté fideles & hardis. Ils n'ont
point quitté la Bergerie. Ils s'y sont
toûjours tenus pour colletter les
C iiij

loups qui y eſtoient, & pour les en
chaſſer.

Examinez, Monſieur, le conſeil
que ie vous donne : Et vous trouuerez que c'eſt le meſme que vos Docteurs vous donnent. Ils ne vous
preſchent autre choſe que l'Eſcriture-Sainte. Et cette Eſcriture-Sainte
eſt la meſme que l'Egliſe Catholique vous offre. Caluin l'a priſe de
L'Egliſe Catholique. Mais l'Egliſe
Catholique en retient toûjours l'o-
riginal:& y a recours pour la confir-
mation de ſa Foy & de ſes dogmes.
L'Egliſe Catholique vous preſente
cette originale Eſcriture-Sainte, &
vous la preſente de bonne foy. Ce
que vos Docteurs ne font pas. Car
ils vous trompent, en ne faiſant pas
eux-mêmes ce qu'ils vous preſchent.
Ils vous preſchent qu'il ne faut rien
croire, & qu'il ne faut rien faire ſans
l'autorité de l'Eſcriture-Sainte. Et
ils ont fait la choſe de la plus haute
& de la plus dangereuſe conſequen-
ce du monde, en ſortant de l'Egliſe
Catholique, ſans autorité, ſans

commandement, & sans exemple
de l'Escriture-Sainte. Au contraire,
ils l'ont fait contre la deffence de
l'Escriture-Sainte. Et ce qui est de
plus considerable, ils l'ont fait contre leur propre sentiment, & contre
leur propre conscience. Car ils ont
eux-mesme condamné le schisme,
comme deffendu par l Escriture
Sainte.

Ie ne pense pas, Monsieur, qu'a-
pres ce que ie vous ay écrit du *Sortez de Babylone mon Peuple*, vos Docteurs ayent desormais le front d'alleguer ce passage, pour autoriser
le schisme qu'ils ont fait. Ie les ay
chassez de ce poste. Et ils n'y sçau-
roient estre à couuert des Anathe-
mes que l'Eglise prononce, & que
Caluin mesme a prononcez contre
les Schismatiques. Qu'ils m'alleguent vn seul autre passage dans toute l'Escriture-Sainte, qui puisse deffendre le crime qu'ils ont commis en rompant l'vnité de l'Eglise!
Qu'ils me donnent vn seul exemple dans toute cette mesme Escri-

ture Sainte , qui fauorife vne telle
action! Et i'auoüeray que i'ay tort
de les preffer comme ie les preffe. .
Penfez-y bien , Monfieur, ie vous
fupplie. Mais ne vous laiffez pas
fafciner l'efprit. Iugez de mes raifons & de leurs réponfes fans
préocupation. Si mes raifons font
bonnes,fuiuez les. Si leurs réponfes
ne font pas receuables, rejettez les.

C'eft tout ce que ie vous puis dire
pour cette heure.Referuant de vous
faire voir dans vne autre lettre,
comme quoy voftre reformation a
efté mal-entenduë, & mal-faite. Et
que vos Reformateurs apres la faute qu'ils ont faite de fe feparer de
l'Eglife en la voulant reformer;
ont doublement failly,en ce qu'ils
l'ont tres-mal reformée. Faites-
moy cependant l'honneur de me
croire.

MONSIEVR,

Voftre tres-humble,& tres-obeïf-
fant feruiteur. LA PEYRERE

RESPONSE

A LA PRECEDENTE
LETTRE.

Cette Response a esté imprimée sur
vne copie escrite à la main qui vient
de Monsieur le Comte de la Suse. Ie
l'ay donnée telle que ie l'ay receuë, sans
y adjoûter ny diminuer. Comme il se
verra par la copie que ie conserue;
Et que Monsieur le Conte de la Suse
me fera l'honneur de reconnoître, quand
il voudra que ie la represente.

IL m'est tombé entre les mains vn certain imprimé debité par les Colporteurs, qui a pour titre : *Lettre à Monsieur le Comte de la Suze pour l'obliger par raison à se faire Catholique.* Ce titre m'a donné 1.

grande curiosité pour toute la Lettre. I'ay creu d'abord que i'y trou-
uerois quelque chose de bien nouueau & de bien extraordinaire. Des
Disputeurs du temps font tout ce
qu'ils peuuent , pour nous oster
l'vsage de la raison dans les matieres
de la Foy , & celuy-cy veut persuader par raison sa Catholicité. Il faut
sans doute, disois-je, que ce ne soit
pas vn homme du commun : si ce
n'est qu'il allegue des raisons d'E-
stat & de Politique , des raisons
d'interest & de fortune , qui sont
des argumens assez ordinaires , &
2. dont ² l'autheur de la Lettre con-
noist bien la force. Mais aussi, pour-
suiuois-je , tenter par ces raisons
Monsieur le Comte de la Suze, vn
des plus genereux hommes du monde, & qui dans toute la conduite
de sa vie paroist des-interessé , il n'y
a pas d'apparence qu'vn homme qui
se picque de le bien connoistre , &
qui fait profession d'estre raisonnable, ait fait vn dessein si mal con-
certé.   Dans cette agitation de

penſées, i'ay conſideré auec empreſ-
ſement ce grand chef-d'œuure de
la raiſon ; mais en cherchant le
3. viſage de Dauid, ie n'ay trouué
que le , marmouſet de Michol.

    L'Autheur de l'Epiſtre veut d'a-
bord perſuader à Monſieur le Comte, qu'il ne s'eſt jamais ſeruy de toute ſa raiſon, pour découurir les ſe-
crets du ſalut, & que s'il le faiſoit,
ſes Docteurs ne l'approuueroient
pas. Ie croy que Monſieur le Comte de la Suze n'a iamais employé ſa
raiſon 4 à chercher le monde auant
la creation, & des hommes auant
Adam. I'aduouë qu'on enſeigne
dans nos chaires qu'il faut eſtre
ſage à ſobrieté, & qu'on fera tous-
jours effort d'empeſcher que les
eſprits trop ſpeculatifs ne courent
apres vn autre Meſſie que IESVS-
CHRIST, *qui eſt la propitiation des
pechez de tout le monde.* Et qu'il ne
leur préne enuie d'eſtre Iuif, 5 comme au ſieur de la Peyrere. Mais
on enſeigne auſſi qu'il n'y a point
de Docteur infaillible ſur la terre;

1.Samüel
ch. 19.13.
3.

4.

Rom. 12.

5.

Eph. 4.

A ij

4.

qu'il ne faut pas ſe laiſſer *emporter à tout vent de doctrine, ny ſe laiſſer ſurprendre à la piperie des hommes.* Et qu'il faut pour éuiter toute ſeduction, retenir le *fondement* que les Apoſtres *ont poſé*, & bien examiner ſi l'on baſtit deſſus de bonnes matieres, c'eſt à dire de ſaintes doctrines & conformes à la parole de Dieu. Il me ſemble que c'eſt donner vn aſſez glorieux employ à la raiſon, & vne eſtenduë qui ne luy ſçauroit permettre ſans injuſtice de ſe plaindre d'eſtre captiue. Et ie croy qu'on ne luy en ſçauroit donner dauantage, ſans la faire courir juſqu'aux eſpaces imaginaires, pour y apprendre ce que faiſoit le genre humain auant que Dieu l'eut creé, & ſous quelle loy viuoient les predeceſſeurs d'Adam. Pleuſt à Dieu que Rome fut auſſi amie de la raiſon que Geneue : on verroit bien toſt vne meſme foy dans toute l'Europe.

Mais M. ſi vous auez veu la lettre de ce nouuel Apoſtre, n'admirez-

6. vous pas 6 qu'apres s'eſtre ſi cou-

1. Cor. 3.

rageufement engagé à *obliger par*
raifon Monfieur le Comte de la Suze à
fe faire Catholique , il luy declare
dans la feconde page par vn lafche
defadueu, *qu'il ne croit pas luy per-*
fuader la Religion Catholique par rai-
fon. Il le veut obliger donc à fe faire
Catholique, fans luy perfuader la
Religion Catholique. Cette penfée
eft fort digne d'vn homme qui a
voulu peupler le monde de fantof-
mes. N'admirez-vous pas encore
qu'apres auoir promis qu'il laiffera
à part les difputes qui font les 7 vetilles 7.
de l'Efcole, il ne fait pourtant qu'vne
lettre *de vetilles:* il ne traite aucune
des queftions qui nous feparent
d'auec Rome; mais vn incident qui
eft nay depuis noftre defvnion, &
qui eft nay pour nous empefcher
d'en venir à la decifion des 8 con- 8.
trouerfes effentielles. Luther &
Caluin ont creu que 9 l'Eglife Ro-
maine eftoit heretique dans les 9.
dogmes, fuperftitieufe dans fon culte, & que dans fon gouuernement
elle vfurpoit vne domination trop

A iij

abfoluë. C'eft là deffus qu'ils fe
font feparez de fa communion : Ce
font les queftions qui ont efté agi-
tées dans les premieres difputes, ce
font là nos veritables controuerfes.
Rome ayant veu qu'elle ne les pouuoit decider à fon auantage , a
donné le change au pauure peuple.
Elle a fait naiftre des incidens dans
noftre procés, pour en éloigner vn
jugement qui ne luy pouuoit pas
eftre fauorable. Elle a chicané fur
le Iuge des controuerfes, fur la vocation des Pafteurs, on a crié aux
nouueaux venus, on a fait parade
des baftimens antiques & des fuc-
ceffions.   Ce font là *les vetilles de*
10. *l'Efcole.*10 La queftion fi Caluin eft
vn fchifmatique, qui eft celle que
noftre Difputeur entreprend , eft
dans ce dernier rang : elle eft toute
femblable à celle de la vocation des
Pafteurs ; c'eft vne des vetilles de
l'Efcole. Quand il la pourroit decider en fa faueur, Rome ne feroit
pas plus innocente des chofes dont
11. nous l'accufons. 11 Quand Luther

auroit fait vn schifme, & quand Caluin auroit fait *Schifme de Schifme,*
pour me feruir des termes de la lettre, 12 l'Eglife Romaine en feroit-
elle moins heretique & moins fuperftitieufe, & fa domination feroit-elle
moins vfurpée? Vn Schifme de Caluin peut il ruïner la verité de la Foy?
Peut-il changer la route du Ciel
que IESVS-CHRIST nous a montrée?
13 Sont-ce les actions de Luther ou
de Caluin qui nous doiuent fauuer
ou qui nous peuuent perdre? Quand
ces grands feruiteuts de Dieu qui
ont choqué le Siege Romain feroient auffi coupables qu'ils font
innocens, 1; leurs crimes feroient
perfonnels, cela ne nous regarde
point, chacun n'eft refponfable que
defes propres œuures. Qui ne fçait
qu'on a de tout temps fait grande
difference entre les Auteurs d'vn
Schifme & leurs Sectateurs, & que
tout ce qu'il y a jamais eu de plus
fçauans Theologiens ont prononcé
que ceux-cy peuuent eftre inno-
céts, quand ceux là feroient coupa-

A iiij

bles. Nous sommes nays dans vn
14 temps 14 où nos Autels estoient
dressés contre ceux de Rome.
15. 15 Nous n'auons point d'autre interest que de nous informer lequel
des deux partis suit le chemin marqué par Iesvs-Christ, & par ses
Apostres. L'autheur de l'Epistre n'a
donc pas choisi vne voye trop raisonnable, pour attirer à son party vn
homme qui se sert si auantageuse-
ment de la raison ; puisque quand il
conclurroit ce qu'il pretend de conclurre, il n'en pourroit tirer aucun
auantage.

Mais, M. la foiblesse de nôtre
Raisonneur ne paroist pas moins
dans ses premisses que dans ses
conclusions. Il s'en faut bien que
Luther & Caluin soient des Schismatiques ; & aussi le pauure
homme l'a mal prouué. Il entreprend de faire voir par raison :
Premierement, que nos premiers re-
formateurs ont eu tort de se separer
de l'Eglise Catholique, en la vou-
lant reformer ; Secondement, que leur

reformation a esté mal entenduë & mal faite. Vous allez voir comme quoy il a reüssi dans son entreprise. Si ie parlois à luy, ie luy demanderois à qui il en veut dans sa premiere proposition. Car ie ne sçache pas que jamais personne des nostres, ait dit que nos Reformateurs se soient separés de l'Eglise Catholique, ou qu'ils l'ayent voulu reformer. 16 Ils se font separez de l'Eglise Romaine. Mais il y a bien de la difference entre l'Eglise Romaine & l'Eglise Catholique. L'Eglise Romaine est vne Eglise particuliere, le mot de *Romaine* est vne marque de distinction d'auec les autres Eglises; & l'Eglise Catholique est tout le corps des Eglises particulieres, ou pour parler plus exactement apres les Saincts Peres, c'est la societé *des Predestinez, des appellés, & des sanctifiés.* L'Auteur de la lettre a donc entrepris de combatre son ombre, quand il a entrepris de prouuer contre nous que nos Reformateurs ont *eu tort de se separer de l'Eglise Catholique.*

Ils ne l'ont jamais pretendu: Et ils
ne l'ont jamais fait. L'Egliſe Catholique eſt *le Corps de Ieſus-Chriſt.*
ceux quis'en ſeparent ne retiennent
point de communion auec le chef.

Galat.
Chap.4.
v. 26.

Elleeſt *la Mere de nous tous*:ceux qui
ne ſont point ſes enfans,n'ont point
Dieu pour leur Pere. 17 L'Egliſe
Romaine n'eſt non plus l'Egliſe Catholique, que Rome toutl'Vniuers.

Si l'Autheur de la lettre qui croit
auoir aſſés de raiſon pour luy &
pour les autres, en eût eu toute la
prouiſion qui luy ſeroit neceſſaire,
il eut prouué premierement que
Rome eſt l'vnique Eſpouſe du Fils
de Dieu, le ſeul & perpetuel objet
de ſon amour, que c'eſt pour elle
ſeule qu'il a donné ſon ſang, qu'elle
ſeule eſt toute l'Egliſe. Apres cela il
eût peu montrer que Caluin auoit
leué le talon contre cette bonne
Mere de tous les Fideles. Et il euſt
enfin conclu que luy & ſes ſectateurs
ſont hors de la voye de ſalut. S'il
euſt fait voir tout cela par des raiſons cóuainquātes,ie ne doute point

qu'il n'euſt obligé Monſieur le Comte à ſe faire Catholique , & auec luy
tous les raiſonnables de noſtre Có-
munion. Mais au lieu de cela il a
preſuppoſé ce qui eſt en queſtion,
parce que c'eſt pluſtoſt fait; & que
c'eſt vn moyen facile pour gaigner
ſon procez. Si nous en vſons de
meſme, nous preſuppoſerons à nôtre tour, que Rome eſt ſuperſtitieuſe,
heretique, & vne ſuperbe, qui veut
captiuer ſous ſon joug tous les enfans *de la Ieruſalem d'enhaut qui eſt*
franche. Par ce moyen nous gaigne-
rons tous noſtre procés.

Galat.
ch. 4. v.
26.

Noſtre Docteur dit pour prouuer
ſon premier point , qui n'eſt qu'vne
chimere, que nous ſommes *d'accord*
que le Schiſme eſt deffendu par toutes
les raiſons de l'Euangile. Que Caluin
l'a reconnu; puiſqu'il excommunie
tous les Schiſmatiques, d'où il s'enſuit qu'il eſt excómunié auec toute ſa
ſecte par ſes propres foudres. I'euſſe
attendu de noſtre Hiſtoriographe
du premier monde , qu'il eût enſei-
gné ce que c'eſt que Schiſme, qu'en

fuite il euft prouué que Caluin eft
coupable de cét attentat contre l'v‑
nité de l'Eglife. Et qu'apres tout il
euft conclu à fon excommunica‑
tion. Au lieu de cela 18 il cache ce
que c'eft que Schifme. Il pofe com‑
me vne chofe prouuée que Caluin
eft Schifmatique ; & tire enfin fa fa‑
tale conclufion contre nous,& con‑
tre Caluin. Il faut auoüer, M.
que pour vn homme qui faifoit tant
le braue de fa raifon, il témoigne
qu'il n'en a pas trop. 19 On appel‑
le Schifmatique celuy qui pour
quelque confideration legere, par
caprice & par vanité, fe fepare de la
Communion de fes freres.S.Augu‑
ftin parlant de la difference des he‑
retiques, & des Schifmatiques, dit
que ceux là *corrompent la verité par
fauffe doctrine*, & que ceux-cy *fe fe‑
parent de ceux auec qui ils conuiennent
en la foy.* Voyez fi nous fommes
bien pres de conceder que Caluin
eft vn Schifmatique, puifque nous
fommes perfuadés qu'il s'eft feparé
d'vn corps infecté d'herefie & de

18.

19.

Chap. 9.
lib. quart.
Euang.

fuperftition , & corrompu par les attentats d'vne Eglife particuliere, qui de droit n'auoit aucune iurifdiction que fur les Romains.

Voyez encore , M. fi noftre faifeur d'Epiftre dit vray, quand il pofe que nous *ne difconuenons pas que l'Eglife Romaine ne fut la feule Eglife Chreftienne & Catholique, & reconnuë telle de tous les Chreftiens , lors que Luther s'emporta contre fes abus.* 20 Ie 20. vous affeure , M. & vous le fçaués tres-bien , que nous en difconuenons fort, & fi l'on recueilloit les voix de tous les Chreftiens, il ne s'en trouueroit pas la fixiéme partie qui voulût paffer cét article. 21 L'Eglife Grecque le contefteroit, 22 la Syrienne, celle d'Egypte, celle d'Ethiopie, celle d'Armenie, tout l'Orient Chreftien, tout le Midy, & vne bonne partie du Septentrion, qui n'ont jamais connu l'Empire du Pape, le defauoüeront , & tout ce qu'il y a de plus orthodoxe & de plus raifonnable dãs l'Occident, n'y foufcrira jamais. Noftre fentiment

eſt que l'Egliſe Romaine eſt vne
Egliſe particuliere qui de droit n'a
pas plus d'eſtenduë que le Dioceſe
de Rome, 22. Que toutes les autres
22. aſſemblées Chreſtiennes où il y a
des Paſteurs, & où les Sacremens
ſont adminiſtrés, ſont des Egliſes
comme celle de Rome. Que celle-
cy s'eſtant eleuée par ſes richeſſes
& par l'éclat que luy donnoit le Siege de l'Empire, affecta la Monarchie & ſe reuolta de la foy. Qu'à
cauſe de cela elle a deu eſtre rejettée
par toutes les autres. Et c'eſt ce
23. qu'ont fait 23 celles d'Angleterre,
d'Eſcoſſe, des Païs-bas, de Suede,
de Danemark, de Noruege, de Curland, de Liuonie, de Tranſſiluanie,
vne grande partie de celles d'Allemagne, des Suiſſes, & de Hongrie,
& quelques-vnes de celles de France; comme auoient auparauant
fait celles de Piedmont. N'eſt-ce
pas bien conuenir *que l'Egliſe Ro-*
maine auant Luther eſtoit la ſeule
Chreſtienne & Catholique & recon-
nuë pour telle de tous les Chreſtiens?

L'autheur de cette propofition eſt
eſt trop ſçauant en l'Hiſtoire des Siec-
cles qui ont precedé Adam & Eue,
pour ſçauoir ce qui ſe paſſe dans le
noſtre, & pour en auoir appris les
ſentimens. Ie ne ſçay s'il eſt vray
que Luther ayt dit, *que l'Egliſe Romaine eſtoit l'Eſpouſe de Chriſt.* Qu'il
l'ayt dit, ou qu'il ne l'ayt pas dit,
cela ne decide rien. Il faut diſtin-
guer Luther d'auec Luther, Luther
moins éclairé d'auec Luther plus
éclairé. Au commencement de ſa
predication contre Rome, il eſtoit
comme les aueugles de l'Euangile,
qui recouurans le veuë, voyoient les
hommes comme des arbres. Dans
la ſuite il a eu des diſcernemens plus
iuſtes. Au commencement il defe-
roit encore beaucoup au pretendu
S. Siege. Mais en fin il le traita comme il deuoit eſtre traité. Apres tout,
quand Luther dans ſa plus haute
connoiſſance, auroit dit mille fois
que l'Egliſe Romaine *eſt l'Eſpouſe
de Ieſus-Chriſt,* je ne l'en croirois
pas vne ſeule; parce que cela n'eſt

24. pas vray, 24 & que Luther n'est pas
noftre Apoftre.

Ie trouue fort admirable noftre
faifeur de conuerfion, quand il dit
que *Luther a fait tout ce qu'il a peu
pour demeurer dans l'Eglife Romaine,*
& que neantmoins il fe condamne
pour en eftre forty. Ie ne fçay fi
parmy les predeceffeurs d'Adam,
il y auoit quelque loy qui obligeaft
à l'impoffible. Mais ie fçay bien que
depuis Adam iufques à nous, il n'y
en a point eu de telle. La Iuftice la
plus feuere de noftre monde, excu-
fe toûjours celuy qui a fait tout ce
qu'il a peu, & elle ne manquera jamais de prononcer que Luther n'eft
pas coupable, s'il n'a pas fait ce qu'il
ne pouuoit pas faire.

Apres auoir bien eftably fon fentiment, comme vous voyez , M.
& prouué à fa mode que Luther & Caluin font des Schifmatiques , il veut conferuer ce pofte
qu'il a pris fur nous, & le deffendre
contre nos efforts. Il nous fait faire
deux objections , l'yne prife de la

violence de Rome contre les Reformateurs ; l'autre de la corruption de l'Eglise, qu'il appelle pour
nous Catholique, sans que nous luy
en ayons donné charge. L'vne &
l'autre de ses objections est bonne,
si elle est bien faite dans les termes
qu'il faut. La premiere, parce que
selon les preceptes de l'Euangile *Math.* 9
*Si l'on nous persecute en vn lieu, nous
deuons fuyr en l'autre.* 25 Lors que 25.
les Iuifs ont rejetté la verité, les
Apostres ont eu ordre de la porter
aux Gentils. La seconde, parce que
Dieu nous cómande de *fuyr arriere
de l'Idolatrie,* de rejetter *l'homme heretique,* & de *nous tenir fermes en la
liberté en laquelle Christ nous a affran-
chis.*

Mais dit nostre Pedagogue, Elie
n'en a pas vsé de la sorte: *il exhorta
le Roy & le peuple au seruice de Dieu
par sa predication, mais il ne seduisit
pas vn du peuple par le Schisme.*
Mais disons nous, 26 Luther & Caluin ont fait cóme Elie. Ils ont exhor- 26.
té les Roys & les peuples à la pureté

de la foy. Ils n'ont ſeduit perſonne, puis qu'ils n'ont preſché que la
verité, & nous auons montré qu'ils
n'ont pas eſté Schiſmatiques. Dieu
enleua Elie & le porta dans le deſert, pour le dérober à la violence
de la ſanguinaire Ieſabel, & pour
ne l'expoſer pas au martyre. Mais
il a laiſſé Luther & Caluin dans les
villes, les protegeant contre la puiſ-
ſance de Rome. Ils eſtoient obligés
de glorifier Dieu dans les villes,
comme Elie eſtoit obligé de le glorifier dans le deſert. Mais quoy
qu'il en ſoit, dit-on, Elie ne quitta
jamais la communion de l'Egliſe
Iudaïque, quelque idolatre qu'elle
fut. Les autres Prophetes y ont demeuré dans la plus grande corruption : ils ont fait leurs efforts pour
la conuertir, ſans l'abandonner. Caluin & Luther n'en deuoient-ils pas
faire de meſme, ne valoit-il pas
mieux mourir aux pieds de leur Mere cruelle, que de luy porter le feu
dans le ſein ? Et n'eſt-ce pas *vn bere-
ſie de croire qu'on ſoit obligé de quitter*

l'Eglise pour quelque cause que ce soit?
Ouy sans doute, nous le disons tous
auec l'Autheur de la lettre. Nous
reconnoissons aussi que ny Elie, ny
les autres Prophetes, n'ont jamais
fait de Schisme auec l'Eglise Iudaïque, nous disons encor que Luther
& Caluin ont deu les imiter. Et nous
soûtenons enfin qu'ils ont fait ce
qu'ils deuoient faire. 27 Ils ne sont
non plus sortis de l'Eglise Catholique, qu'Elie de la Iudaïque. Cela
peut sembler rude à ceux qui pren-
nent Catholique & Romaine pour
vne mesme chose. Mais à ceux qui
sçauent faire vn iuste discernement
des choses, cela paroist tres-verita-
ble. 28 Luther & Caluin se sont separés de l'Eglise Romaine qui estoit
vne Eglise particuliere; qui de droit
n'estoit pas leur Eglise, 29 l'vn
estant membre de l'Eglise Gallicane
& l'autre de l'Eglise de Saxe. Ils se
font separez d'vn membre gasté
auec lequel ils ne pouuoient 30 plus
auoir de commerce, sans se perdre
par contagion. Mais ils sont de-

31. meurés dans 31 l'Egliſe Catholique qui eſt répanduë par tout le
monde, qui eſt par tout où Dieu a
des adorateurs en eſprit & en veri-

32. té. 32 Les Prophetes n'ont pas peu
quitter la Communion de l'Egliſe
Iudaïque; parce que Dieu n'auoit
point alors d'Egliſe que dans la Iu-
Iuges, ch. dée. Il n'y auoit alors *que la toiſon*
6. *de Gedeon qui fuſt arrouſée :* Mais les
Reformateurs ont peu quitter Ro-
me, ſans quitter l'Egliſe Catholique,
parce que l'Egliſe eſt répanduë par

33. toute la terre. 33 Le monde entier
eſt aujourd'huy ce qu'eſtoit autre-
Cypr. de fois la Iudée. *La roſée du Ciel eſt*
ſimp Præ *ombée ſur toute l'aire de Gideon.*
lat. Il n'y a qu'vne Egliſe, dit S. Cyprien,
qui eſt répanduë au long & au lar-
ge, comme il y a pluſieurs rayons
du Soleil & vne ſeule clarté : Et en
vn arbre il y a pluſieurs branches,
mais il n'y a qu'vn tronc. &c. Qu'on
ſepare les rayons du corps du Soleil,
l'Vnité qui eſt là, ne ſouffre aucune
diuiſion; qu'on coupe la branche
d'vn arbre, elle ſe ſechera: Ce ſont les

termes de S. Cyprien. 34 Sur quoy 34.
nous difons, que Rome eſtoit vn
rayon obſcurcy, il le falloit ſeparer;
vne branche qui vouloit faire ombre à toutes les autres pour les empeſcher de porter du fruit, il la falloit couper : cela ne fait rien contre
l'vnité de l Egliſe.

Noſtre Autheur qui aime infiniment les Chimeres, puis qu'il les va
quelque fois chercher au delà du
ſiecle des 35 Lutins, qui ne naſqui- 35.
rent qu'au temps d'Adam, ſi l'on en
croit les Rabbins, s'eſt imaginé que
quelque perſonne intelligente de
noſtre Communion luy auoit allegué comme le ſeul paſſage qui fauo-
riſoit noſtre pretendu Schiſme, le,
ſortez de Babilone mon peuple! de l'A-
pocalypſe. Il eſt preſt à iurer par ſon
grand Iupiter que nous n'en auons
point d'autre, & l'aiſe qu'il a d'a-
uoir ſi bien rencontré, le met dans la
plus belle humeur du móde, & pour
la cómuniquer à ſes Lecteurs, il parle de tours *de paſſe-paſſe,* de *jeux*
de Gobelets, & *de l'ante-ſuper-ante des*

maquignons, du ſuper aſpid m & baſiliſcum ambulabis des ſaltimbanques,
peu s’en faut qu’il ne debite pour
nous diuertir tout ce qu’il a appris
dans ſon voyage de Rome. Apres
cela il reprend ſa grauité magiſtrale,
36. pour faire le 36 commentateur de
l’Apocalypſe : Vn commentaire ſur
l’Apocalypſe & vn Traité des Preadamites, ſont deux pieces fort di-
37. gnes de l’Autheur de la lettre. 37 Ie
voudrois bien qu’il vouluſt encore
donner au public vne carte des païs
38. de la Lune, 38 vne deſcription des
mondes que le grand Alexandre eut
     vne fois enuie de conquerir, 39 quel-
39   que hiſtoire des guerres des gruës
& des pygmées. Ce ſeroient de
beaux monumens à la Poſterité, &
des ouurages qui porteroient bien
loin la gloire de noſtre ſiecle.

Ie n’entreprens pas , M. de
ſuiure noſtre Commentateur Apocalyptique pied à pied, comme i’ay
fait iuſques icy ; car ie vous aſſeure
que i’aimerois mieux aller apres
40. 40 vn meneur d’Ours, depuis vn

bout de Paris jusques à l'autre. Il
ne me seroit pas mal-aisé d'appuyer
l'explication que nos Docteurs donnent au passage dont il est question.
Ie pourrois par vn grand nombre
d'authorités des Peres, faire voir
que la Babylone Apocalyptique, est
Rome, & Rome se disant Chrestienne, Rome heretique & superstitieuse, & Rome affectant la domination vniuerselle sur l'heritage du
Seigneur. Immediatement auant la
Reformation cela se publioit ouuertement. On voyoit sur la monnoye de l'vn de nos Roys qui auoit
enuie de chastier l'insolence Romaine, *Perdam Babylonis nomen.* Ie
perdray le nom de Babylone. Nostre
Auteur, luy mesme, reconnoît de
bonne foy que ces grands Docteurs
ont traité Rome de Babylone Apocalyptique. Monsieur de la Peyrere nous permettra s'il luy plaist,
de defferer plus à l'authorité des
Peres qu'a la sienne. Ie pourrois
apres cela faire vn parallele, comme
d'autres ont fait, de la Babylone de

S. Iean auec Rome : Ie montrerois
ſi ie voulois, que *Mon peuple* s'entend des Chreſtiens Gentils, & non
pas des Iuifs, comme pretend nôtre Docteur, qui eſt pour le moins
demy-Iuif. *I'appelleray mon peuple*
celuy qui n'eſtoit point mon peuple, dit
l'Oracle d Oſée, prediſant la vocation des Gentils. Apres cela ie pourrois conclurre en faueur de nos Docteurs, nonobſtant les gloſes de nôtre Commentateur.

Ne le trouuez vous pas bien ſub-
til, M. quand il veut prouuer
que *la grande Cité* de S. Iean n'eſt
pas Rome, parce que Rome n'a iamais regné *ſur tous les Roys*. Comme
ſi S. Iean diſoit que *la grande Cité a*
ſon regne ſur tous les Roys. Il ne dit
pas cela, mais ſeulement qu'elle a
ſon regne ſur les Roys de la terre : ce
qui eſt vray de Rome, encore qu'elle ne domine pas ſur tous. Rome
autrefois ſe diſoit maîtreſſe du monde, quoy que ſon Empire fûſt limi-
té. Pourquoy S. Iean ne pourroit-
il pas dire qu'elle dominoit *ſur les*
Roys,

Rois, que sa domination ne fut pas vniuerselle. Pour ne pas dire icy que si Rome d'auiourd'huy n'a pas actuellement l'Empire du monde, elle croit au-moins de l'auoir de droit. Elle pretend qu'elle peut disposer de tous les Royaumes quant au temporel & quant au spirituel. Et ceux qui veulent bien faire leur cour aupres des Papes, leur dônent vne domination plus estenduë que celle des Empereurs Romains les predecesseurs des Papes. Ils ne la limitent pas mesme par les extremités de la terre, ils la font aller dans le Ciel & dans les Enfers; & ces bons courtisans ne font pas de difficulté de leur appliquer ce que Iesus-Christ dit de soy, *Toute puissance m'a esté donnée au Ciel & en la terre.* Apres tout, si Rome n'est pas *la grande Cité* de l'Apocalypse parce que son regne n'est pas sur tous les Roys de la terre, comment est-ce que *la Gentilité*, comme parle nôtre Auteur, sera *cette grande Cité*, ou cette Babylone, comment il le pre-

tend. Croit-il que le corps du Paganifme ou la gentilité regnera vni-
uerfelement fur la terre au temps
du Rappel des Iuifs. S’il le croit, il
eſt vn viſionnaire. S’il ne le croit
pas, il raiſonne mal contre nous,
& nous donne des armes pour le
deſtru re.

41.   Il ne dit rien fur 41 *Les liurées de
Rome & de fon Pontife.* Ie n’en parleray pas non plus, quoy que plu-
fieurs des Sainéts Peres ayent crû
qu’il y auoit des chofes à dire qui
ne font pas ridicules.

    Il nous importe peu que le mot
de *Myſtere* foit fur la Thiare pon-
tificale, ou qu’il n’y foit pas; & s’il y
eſt, qu’il foit deuant ou derriere. Il
n’eſt pas icy queſtion des mots, il
eſt queſtion des chofes. Les Oracles
ne s’arreſtent pas aux lettres & aux
caraéteres. Pourueu que Rome face
fort la myſterieufe, c’eſt aſſez pour
trouuer écrit fur fon front *Myſter.*
Que ce mot foit mis par parenthefe
ou autrement dans le texte, tout re-
uient à vn. L’Eſprit de Dieu nous

aduertit, quoy qu'il en foit , que la Babylone qu'il décrit, fera toufiours dans le Myftere, que fon pouuoir fera myfterieux comme fes dogmes & fon culte. Ie découurirois bien plus clairement fi ie voulois en quoy confifte le Myftere Romain : mais il n'eft pas toûjours bon de reueler les Myfteres. Et ie croy, M. que vous n'ignorés pas celuy-là. Ie ne croy pas Monfieur de la Peyrere quand il dit, que nos Reformateurs ont tronqué ce paffage de l'Apocalypfe. *Les fept teftes font fept Montaignes* &c. Et ceux qui fçauét l'Hiftoire de fa vie, pourront bien fans l'offenfer ne s'en rapporter pas fort à luy , puis qu'il defauouë fi aifement fes phantaifies quand l'occafion s'en prefente. Pour venir au paffage, il deuoit auoir remarqué , luy qui fait de fi belles obferuations fur toutes chofes , que les fept teftes de la befte ont reprefenté & fept Montagnes & fept Roys. 42. Vn même embleme fe peut raporter à diuerfes chofes. Il n'eft rien de plus ordi-

naire dans les Types du vieux Testament. C'est le sentiment de nos
Docteurs. D'où l'on ne peut inferer
43. que par vn 43 sophisme puerile que
sept & sept sont quatorze: on se sert
mal de la raison, quand on joint ce
qui doit estre separé.

Ce qu'il dit que Rome Chrê-
stienne est sur neuf Montagnes &
nõ pas sur sept, pour en inferer que
la beste Apocalyptique n'est pas
Rome, est aussi ridicule pour le
moins que tout ce qu'il a esté obligé
de retracter. Si on luy disoit que le
Vatican & le Ianicule n'ont esté en-
fermez dans l'enceinte de Rome,
que lors que la Prophetie auoit
commencé d'auoir son accomplis-
sement, on luy diroit quelque chose
d'assés fort pour destruire son raisonnement. Mais ce n'est pas par là
que ie le veux prendre. Croit-il que
S. Iean n'aye pas peu décrire la si-
tuation de Rome de son temps, pour
predire les choses qui luy deuoient
arriuer dans la suite des siecles ? S'il
le croit il se meconte fort. Si ie

me meſlois de pronoſtiquer, & que
ie diſſe, qu'vn hóme de tel aage, de
tel poil, qui a de tels emplois, & qui
en voudroit bié auoir de meilleurs,
& s'appelle Monſieur de la Peyrere,
ſera vn honneſte homme à tréte ans
d'icy ; ma prediĉt on ſelon luy ne
pourroit iamais eſtre veritable, parce que à trente ans d'icy Monſieur
de la Pyrere n'aura pas le même âge
qu'il a, ny le meſme poil, ny la même condition de vie. S'il luy prenoit enuie d'expoſer la Prophetie
de Zacharie, qui *remply du S. Eſprit*
dit de ſon fils nouuellement né.
Et toy petit enfant ! tu ſeras appellé
Prophete du ſouuerain ; car tu iras de-
uant la face du Seigneur pour pre-
parer ſes voyes. Il diroit que cette
Prophetie ne fut point encore ac-
complie en Iean Baptiſte, parce que
lors qu'il alla deuant la face du Seigneur pour preparer ſes voyes, *il*
n'eſtoit plus vn petit enfant. Mais
tout ce qu'il y a à dire, c'eſt qu'encore que Rome ayt eſté baſtie non-
ſeulement ſur neuf Montaignes,

comme Monſieur de la Peyrere le
ſuppoſe fort mal habilement, pour
vn homme qui ſçait tout iuſques
aux choſes qui ne furent iamais que
dans ſon imagination, mais ſur dix.
Parce qu'elle n'eſtoit ſituée au commencement que ſur ſept , on la toûjours nommée la Ville à ſept Montaignes, *Vrbs ſepticollis*. 44. Enfin
pour conuaincre ſans replique nos Re-
formateurs , il fait remarquer que
la Babylone de l'Apocalypſe doit
eſtre deſtruite *immediatemen* apres
la ſortie du peuple de Dieu : ce qui
n'eſtant pas arriué à Rome *immedia-*
temen apres le pretendu Schiſme
de Luter & de Caluin, il s'enſuit
qu'elle n'eſt pas la Babylone prophetique. Ie ne ſçay pas ſi noſtre
homme a eu quelque viſion particuliere qui luy ait reuelé cette deſtruction *immediate* : car pour les
Propheties de l'Ecriture, elles n'en
parlent point : elles diſent bien que
Babylone doit perir , & elle perira
ſans doute, mais ie ne vois point
l'jmmediatement de Monſieur de la

Peyrere. Mais quand il y feroit, le bon homme feroit encor bien loin de fon conte. 45. Qui luy a dit que tout le peuple de Dieu eft defia forty de Babylone? Qui luy a dit, que pour cette fortie il ne falût que fix ou fept vingts ans, & qu'elle ne fe feroit pas à diuerfes reprifes, 46 iufqu'à la fin des fiecles? Qui luy a dit que la deftruction dont il s'agit, eft autre que celle du 47 *dernier Iugemen?* Enfin puis qu'il fçait fi bien le ftile des Prophetes, comment n'a-til pas remarqué qu'ils parlent des chofes plus éloignées comme fi elles eftoient prefentes.

Voilà, M. comme quoy ce grand raifonneur fçait deftruire le fentiment d'autruy. Il eftablit le fien auec le mefme fuccés. Il veut que *la Babylone* de S. Iean foit le corps du Paganifme ou la gentilité? Il fouftient que *le peuple de Dieu* eft la nation Iuifue, & que le *fortés de Babylone mon peuple,* eft le rappel des Iuifs. I'ay par anticipation refuté cette chimere. Il la trouue dans Efaye, dans

Ieremie, & dans S. Iean, à peu pres
comme il trouue les predeceſſeurs
d'Adam dans le chapitre cinquiê-
me de l'Epitre aux Romains. Il
entend egalement bien S. Paul &
les Prophetes. Ie vous enuoyrois
vn gros volume, M. ſi ie voulois remarquer tout ce qu'il y a dans ſon
commentaire de plus digne desSal-
timbāques que des Theologiés: 48.

48. Mais on peut tout refuter par vne
ſimple negatiue. Ie ſuis pourtant
fort perſuadé qu'il a vn ſentiment
bié auātageux de ſon imagination.
Et ſi ie ne me trompe, c'eſt pour
auoir pretexte de debiter ſon expo-
ſition prophetique, qu'ila entrepris
tout ſon ouurage. 49 Il y a long-
temps qu'il eſt fort bon amy dés
Iuifs, & qu'il ſouhaite auec paſſion
d'eſtre adopté dans quelqu'vne de
leurs familles, pour auoir part aux
felicités de leur Meſſie qui doit
eſtre bien toſt reuelé, pour abaiſſer
la gloire des Chreſtiens & de leur
Chriſt, qui ſelon luy n'eſt que le
Meſſie des ſeuls Gentils. Il leur a

49.
C'eſt
ainſi qu'é
parle M.
de la Pey-
rere dans
ſon petit
traité
du Rapel
des Iuifs
qu'il a
fait im-
primer
auec ſes
Preada-
mites.

découuert la tendreſſe des ſentimés
qu'il a pour eux, dans ce liure fa-
meux où il a rauy au pauure Adam
ſon droit d'aiſneſſe. Mais depuis que
la crainte de l'inquiſition luy a fait
deſauoüer ſô ouurage, il craint que
ce deſaueu ne decredite ſon opinion. Pour remedier à ce malheur,
il a voulu adroitement faire part au
monde de ſes belles connoiſſances
ſous la faueur de cette lettre, par
laquelle il a crû qu'il ſe rendroit a-
greable, & dont il a eſperé que le
ſeul titre ſeroit capable de donner
la curioſité de la lire. Si le ſuccez ré-
pondoit à ſon deſir, Monſieur le
Comte de la Suze & tous les Lecteurs de cette lettre, auroient autant enuie d eſtre Iuifs que d'eſtre
Romains.

Pour moy M. ie luy conſeille de
n'eſtre ny l'vn ny l'autre. S'il eſtoit
Iuif, il ſeroit Infidelle. S'il eſtoit
Romain, il ſeroit fort mauuais
Chreſtien. Mais M. de la Peyrere
ne doit pas craindre que ſes écrits
ſoient capables de perſuader en fait

de religion, ſi l'on ſe ſouuient de
quelle façon il en a vſé luy meſme
50. iuſques icy. 50. Quand vn homme
qui a ſon dit & ſó deſdit cóme luy,
appelleroit Caluin mille fois ſchiſ-
matique, on ne le croiroit point.
51. 51. L'eſperance & la crainte le font
changer de party trop legerement.
52.L'intereſt & l'inquiſition ont eſté
52. iuſques icy les Docteurs de ce grand
maiſtre. Il ne ſouffrira iamais pour
aucune Religion le Martyre qu'il
eût conſeillé à Caluin de ſouffrir.
Sa foy ſçait trop bien ſon monde
pour eſtre opiniaſtre. Elle eſt trop
ciuile & trop reſpectueuſe pour
deſobliger les perſonnes de qualité,
& tous ceux qui ont quelque credit
aupres de la fortune. La fermeté
que Monſieur le Comte de la Suze
a témoigné pour ſa religion, fait
voir qu'elle eſt d'vne autre trempe.
Elle ſçaura touſiours auec l'aide de
Dieu preferer la conſcience à l'in-
tererest , & le ſeruice de Dieu à l'eſperance & à la crainte du monde.
Et s'il ne tient pour la fortifier qu'à

luy donner 53 d'autres Paſſages de l'Ecriture Sainte qui authoriſét nô-tre ſeparatió d'auec Rome, que ce-luy de l'Apocalypſe, il eſt fort aiſé de la rendre inebranlable. 54. La parole de Dieu nous commande de *fuir ar-riere de l'Idolatrie.* 55. Elle nous com-mande *de rejetter l'homme Heretique.* Elle nous deffend de croire ceux qui diſent: 56 *Voicy le Chriſt eſt icy, voicy il eſt là ; il eſt dans les cabinets & dans les ciboires.* Il faut montrer que ce que nous diſons de Rome ſoit faux, & non pas le preſuppoſer; où il faut que noſtre ſeparation d'auec elle ſoit legitime.

Vous voyez donc bien M. que nous auons d'autres fondemens de noſtre deſunion d'auec Rome que le *ſortez de Babilone* de Monſieur de la Peyrere. 57 I'oſe meſme vous dire que ce paſſage n'a iamais eſté alle-gué par nos Reformateurs, que comme il dit que les Peres l'ont al-legué. Ils s'en ſont ſeruis comme l'on ſe ſert des allegories. Si ma lettre n'eſtoit pas deſia ſi longue,

53.

54.

55.

56.

1. Corin-
th. Chap.
10. 14.
Tite ch.
3 v. 10.
S Matth.
24. 26.

57.

& plus longue peut-estre qu'il ne
faut pour vous estre agreable, ie ferois vne Apologie de nos Reformateurs. Ie vous ferois sans doute voir
qu'ils n'ont rien fait que ce que
Monsieur de la Peyrere eût trouué
bon qu'ils fissent. Qu'ils se sôt contentez de *se reformer eux mesmes, &*
de reformer leurs voisins, & qu'à
moins de *mettre la chandelle sous le*
boisseau, & de cacher sous la terre le
talent de leur maistre, ils deuoient
agir comme ils ont fait. Ie vous di-
rois quelque chose de leur vocation
58 Et si Monsieur de la Peyrere
s'aduise de traiter le second point
de son Epître, comme il le fait
esperer, ie pourray M. vous en dire
mon sentiment comme du premier.

REPLIQVE
A LA PRECEDENTE
RESPONSE.

A MONSIEVR LE COMTE

DE LA SVZE

MONSIEVR

I'ay leu la response à la lettre que
ie vous ay écritte, faite par vn Auteur, qui n'y a pas voulu mettre
son nom. C'est vn Echo qui a pris
plaisir de se faire entendre, sans se
faire voir. I'auois creu que ce seroit
vn Theologien seuere & d'vne bile
noire, emporté de cholere, comme
sont d'ordinaire vos Docteurs, &
qui ne me feroit point de quartier
sur ce que i'ay quitté vostre Com-

munion. Mais c'eſt vn Theologien
galant, & à bons mots; vn Theologien du ſiecle, & qui entéd raillerie;
qui ne ſe ſcandaliſe pas legerement,
& qui prend les choſes en bonne
part. I'ay bien eu de la joye de celle
qu'il s'eſt donnée dans ſa lettre. Et
côme je ſuis aſſez facile à émouuoir
du coſté de la raillerie, ſon humeur
enjoüée a reueillé la mienne. Ie ſui-
uray ſa belle maniere d'agir & d'eſcrire. Et j'eſpere cette juſtice de ſa
gayeté , qu'elle me permettra
la meſme liberté qu'elle s'eſt donnée. Il m'a pris par vn endroit qui
n'eſt pas mon plus foible. Car ie
ſuis pour le moins autant que luy,
Petulanti ſplene cachinno. Et ie luy
reſponds qu'auant que ie le quitte,
Ibit ab excuſſo miſſus ad aſtra ſago.
Il ne ſera pas le premier que j'ay
deïfié de cette ſorte. Il a commencé,
& j'acheueray. Mais, Monſieur!
diſpenſez moy ie vous prie d'vn
long preambule. Trouuez bon
que ie ne perde pas le temps en diſ-
cours ſuperflus , & que ie vienne

aux prifes auec ce Braue. Vous ferez s'il vous plaift le juge de noftre combat, comme vous en eftes le fujet. L'ardeur auec laquelle ie m'y porte, ne fçauroit eftre plus vehemente ni plus legitime, puifqu'il y va de voftre falut; & que c'eft pour la conquefte d'vne fi belle ame que la voftre, que i'ay la plume à la main.

Ce galant homme dit; a *Que le titre de ma lettre luy a donné la curiofité de la lire: Mais qu'ayant cherché* b *le vifage de Dauid, il n'a trouué que* b *le Marmoufet de Michol.* Sur ce mot de MARMOVSET; ce b Docteur inconnu agreera que ie le prie de s'expliquer, & de me dire, de quelle efpece de Marmoufet il a entendu parler. Car les Miniftres de Geneve ont interpreté le mot Hebreu, Miphlefet, qui fe lit au chapitre 15. du 3. des Roys, verfet 13. par celuy de *Marmoufet.* Et ie luy declare qu'il ne fe trouue point de ces fortes de *Marmoufets* dans la lettre que ie vous ay écritte. Et

a Voyez page 1. de la Réponfe. numero 1.

b Refp. p. 3. num. 3.

qu'il n'y eſt fait aucune mention
du Marmouſet de Michol, non plus
que *du viſage de Dauid*. Ces paroles
ne ſont pas honneſtes dans les ſens
qu'elles peuuent auoir, & que vos
Miniſtres mêmes leur ont donné: &
comme telles, il ne ſe peut qu'elles
ne laiſſent de mauuaiſes idées dans
les eſprits de ceux qui les liſent.

   Mais ie ſuis bien malheureux de
paſſer dans l'eſtime d'vn Docteur
de cette importance, pour vn hôme
qui ſe coupe & qui ſe contredit
d'vne page à l'autre. Car il dit, c *que*
m'eſtant courageuſement engagé à vous
obliger par raiſon à vous faire Catho-
lique, ie vous ay declaré dans la ſui-
uante page, par vn laſche deſaueu, que
ie ne croyois pas vous pouuoir perſua-
der la Religion Catholique par raiſon.
Si la choſe alloit ainſi, comme l'écrit
ce pretendu Docteur, il auroit raiſon de me blâmer, & i'aurois tort
de men plaindre. Mais Monſieur,
vous auez ma lettre, prenez la peine
de la lire, & vous trouuerez que ie
n'ay pas pretendu de vous perſua-

c. Reſp.
p. 4. n. 6.

der par raison les principes de la
Religion Chrestienne, qui ne peuuent pas estre persuadez par la rai-
son:Mais que i'ay pretendu de vous
persuader par raison, ce qui peut
estre persuadé par la raison : Qui
est, que vos Reformateurs ont eu
tort de se separer de l'Eglise Catholique;& que vous deuez pour cette
raison reuenir dans l'Eglise Catholique. Or il faut necessairement,
ou que n'y voye goutte, ou que ce
Docteur inconnu ne voye pas ce
lasche desaueu qu'il me reproche. Et la chose parle d'elle mesme,
que c'est luy qui n'y voit goutte:
Ou du moins, qu'il a la berluë, &
qu'il voit ce qui n'est pas.

Il est sur tout merueilleux d'ap-
peller d *verille d'Escole*, ce qui est
d'essentiel & de capital dās les differents qui sont entre vous & nous.
Car pour bien connoître la verité
d'vne chose, il la faut prendre dans
sa racine, ou dans sa source. Or la
veritable cause de tous les desor-
dres & de tous les maux qui ont

d.Resp.p.
s.num.7.

affligé & qui affligent la Chrestienté depuis six ou sept vingt-ans, est
le Schisme de Luter en Alemagne,
& celuy de Caluin en France. Il
faut donc pour remedier à ces des-
ordres & à ces maux, s'attaquer
au Schisme comme à leur racine &
à leur source. C'est donc le Schisme
qu'il faut combatre, c'est le Schisme
qu'il faut destruire ; & c'est à quoy
nous deuons appliquer tous nos
soins, & employer toutes nos dis-
putes. Ie n'ay parlé d'autre chose,
& ie n'ay combatu autre chose dans
la lettre que ie vous ay écritte, &
dans la lettre que i'ay écritte à Philotime. Nostre Docteur qui a sans
doute leu ce que i'ay écrit, qui en a
examiné les raisons, tirées des textes
les plus purs de l'Ecriture-Sainte ;
qui en connoît la force, & quoy
qu'il die, qui en est conuaincu dans
son ame ; il fait neantmoins sem-
blant de ne les pas connoître, &
croyt les eluder en les dissimulant,
& en n'y répondant pas. Il saute
par dessus, comme s'il marchoit

sur des espines. Et il se persuade
qu'il en sera quitte en disant que
ce sont des vetilles.

Il est aisé de deuiner ce qui a obligé ce Docteur inconnu à soustenir
auec tant de chaleur que la question, e *Si Caluin est Schismatique*,
est vne vetille de l'Escole. C'est que
ne la croyant pas soustenable, il
branle au manche ; & il est sur le
point de renier Caluin, comme il a
renié Luter, si on le presse trop sur
cét article. Il fait voir euidemment
l'enuie qu'il en a, en ce qu'il dit f *Que
quand mesme ie pourrois decider la
question en ma faueur* ; c'est à dire,
quand mesme ie pourrois prouuer
que Caluin à esté Schismatique ;
g *Rome n'en seroit pas moins Heretique, ny moins superstitieuse, &
que sa dominatiõ n'en seroit pas moins
vsurpée.* Mais distinguons les choses, & ne les confondons pas. Il
n'est pas maintenant question de
sçauoir, si Rome est tout ce que ce
Docteur en a dit. Il s'agit de sçauoir,
si Caluin deuoit sortir de la com-

e Resp. p.
6. num.
10.

f Res. pa.
6. num.
11.

g Resp.
pag. 7.
num. 12.

A iiij

munion de Rome, quand mesme
Rome auroit esté pis que tout ce
qu'il en a dit. Ce Docteur ne croit
pas le poste tenable; & de peur qu'il
a d'en estre chassé, il se retranche
par anticipation dans ce reduit cy,

h quand il dit: *Que ce ne sont pas
les actions de Luter ou de Caluin qui
nous doiuent sauuer, ou qui nous peuuent perdre. Et que quand ils seroient
aussi coupables qu'ils sont innocents,
leurs crimes seroient personnels. Cela,*
dit-il, *ne nous regarde point, chacun
n'est responsable que de ses propres œuures.* Ce Docteur se trompe, &
vous trompe, Monsieur, par ces
paroles ambigües. Car on n'est pas
coupable des crimes personnels de
Luter & de Caluin, si on ne commet pas les mesmes crimes personnels que Luter & Caluin ont commis: Mais si on commet personne-
lemét les mesmes crimes que Luter,
& Caluin ont personnelement commis, on est notoirement coupable
des mesmes crimes qu'eux. Par
exemple, si Luter & Caluin auoient

h Resp.
pa. 7. n.
13.

efté des affaffins, des luxurieux, &
des inceftueux ; noftre Docteur feroit coupable des mefmes crimes
qu'eux, s'il eftoit perfonnellement
comme eux, vn affaffin, vn inceftueux, & vn luxurieux. Et fi ie
prouue que Luter & Caluin font
des Schifmatiques ; il eft certain,
Monfieur, que vous eftes coupable
du mefme crime qu'eux, fi vous
eftes Schifmatique comme eux, &
fi vous vous obftinez dans le Schifme, dans lequel il vous ont engagé.

La raifon que noftre Docteur allegue fur ce fait, eft tres mauuaife,
& de tres pernicieufe confequence.
Il dit que quand mefme vos Reformateurs feroient coupables, vous
eftes innocents ; i *Par ce que vous*
eftes nais dans vn temps où vos Autels
eftoient dreffez contre les Autels de
Rome. Et que k *vous n'auez point*
d'autre intereft que de vous informer
lequel des deux partis fuit le chemin
marqué par Iefus Chrift, & par
fes Apoftres. C'eft là, Monfieur,
où ce Docteur fe trompe, & c'eft là

i Refp. p.
8. num.
14.
K pa. 8.
num. 15.

auſſi où il vous trompe. Car voſtre veritable intereſt n'eſt pas ſimplement, & pour cette heure, de ſçauoir, lequel des deux partis eſt dans le chemin marqué par Ieſus-Chriſt. Mais de ſçauoir preciſement, ſi vôtre party peut eſtre dans le chemin marquĕ par Ieſus Chriſt, tant que vous ſerez dans le Schiſme. Ie dis que non, & que vous vous eſtes fouruoyé du chemin marqué par Ieſus Chriſt, dés le premier pas de la porte; ie veux dire, du moment que vous eſtes ſortis de l'Egliſe de Ieſus Chriſt. Vous auez beau dire que vous n'auez pas fait le Schiſme : mais que vous l'auez trouué fait. Cela ne vous excuſe pas, & iuſtifie encore moins le crime de Caluin. Au contraire, vous eſtes d'autant plus coupables, ſi vous croyez que Caluin ſoit coupable, de perſeuerer ſçiemment dans le crime qu'il a commis. Si l'on a toleré vos peres, & ſi l'on vous tolere encore, cela ne preſcrit pas contre le droit que l'Egliſe Ca-

tholique à fur vous. Le titre de vôtre Schifme eft nul & vicieux. Le
temps ne le peut valider. C'eft la
reigle du droit. *Quod ab initio non*
valet, tractu temporis conualefcere non
poteft.

Au refte, Monfieur, le facrilege
que ce Docteur approuue, & qu'il
exalte en vos peres, d'auoir dreffé
des Autels contre les Autels de
l'Eglife de Iefus-Chrift, eft le plus
grand de tous les crimes. Et ce
crime que vous autorifez en le per-
petüant, aggraue le peché de vos
peres par voftre obftination. Ne
vous y trompez pas, Monfieur,
les offrandes que vous faites à Iefus-
Chrift fur des Autels dreffez contre les Autels de fon Eglife, font
toutes abominables deuant Dieu.
Quand vous meneriez vne vie plus
fainéte que celle des Apoftres, &
plus auftere que celle des premiers
Anachoretes, vous eftes dans le
Schifme ; & vous eftes par confequent dans le chemin marqué par
le Demon, non pas dans le chemin

marqué par I. Chrift. Le Demon
eft le pere du Schifme; c'eft à dire,
il eft le pere de la diuifion & de la
difcorde. Iefus-Chrift eft le pere
de l'vnion & de la concorde. Et
d'autant que le Demon eft éloigné
de Iefus-Chrift, vous eftes d'autant
éloignés du chemin marqué par
Iefus-Chrift.

C'eft à quoy, Monfieur, ce Docteur ne fçauroit répondre. Et c'eft
pourquoy il appelle cette queftion
du Schifme de Caluin, *vne vetille
d'Efchole*. Il eût bien voulu que ie
l'euffe ietté fur les controuerfes
qu'il appelle ¹ *Effentieles*; comme
font celles, de la iuftification, des
œuures, de la Foy, de la Grace,
de la Predeftination, du Franc ar-
bitre, &c. Parce que ces Lieux com-
muns feroient des champs de gloire (imaginaire toutesfois) pour les
recueils qu'il en a faits de longue
main. Il fe plaint mefme, de ce que
ie n'ay rien dit *des o liurées du Pape*;
parce qu'il auroit beaucoup de
chofes à dire là deffus, *qui ne fç-*

1. Re .
pag. 5.
num. 8.

o. pag.
26. num.
41.

roient pas, à ce quil dit, *ridicules,* &
que ie luy ay eſtouffées. I'ay pris la
choſe d'vn autre ſens qu'on ne la
traittée iuſquesicy. Ie l'ay deſoriété.
Ie l'ay tiré hors de ſon élement. Et
c'eſt ce qui inquiete ce Docteur. Il
neſçait que répondre. Et pour iuſtifier Caluin du Schiſme dont ie l'ay
accuſé, en ſortãt de l'Egliſe Catholique, il ſouſtient que Caluin n'eſt
point ſorti de l'Egliſe Catholique ; **Réponſe**
parce que dit-il, Caluin n'eſt ſorty **pag. 9 n.**
que de l'Egliſe Romaine. L'Egliſe **16.**
Romaine, à ſon compte, n'eſtoit pas
l'Egliſe Catholique: donc Caluin
n'eſt pas ſorty de l'Egliſe Catholique. Et ſi ſon argument n'eſt pas
la plus vetille de toutes les vetilles,
ie ne ſçay pas ce que l'on doit ap-
peller vetille. Car il n'eſt point de
petit Eſcolier qui ne ſçache, que
l'Egliſe Romaine doit eſtre conſiderée cóme particuliere, & comme
Catholique: Comme particuliere,
eu égard à ſon Dioceſe; comme
Cathólique, eu égard à ce qu'elle
eſt Metropole, & que ſon auto-

rité Pastotale se repand sur toutes
les Eglises Chrestiennes.

Mais ie ne puis comprendre auec
quelle hardisse ce Docteur à osé m
nier ce que i'ay dit, & ce qu'il n'a
pas refuté, parce qu'il luy est impossible: *Que vous & nous demeu-*
rons d'accord que l'Eglise Romaine
estoit la seule Eglise Chrestienne &
Catholique, & reconnüe telle de tous
les Chrestiens, lors que Luter se se-
para d'auec elle. Ce q Visage nega-
tif, nie tout ce à quoy il ne peut
répondre. Et il ne se souuient pas
de ce que l'on dit dans les Escholes
ses bonnes amyes: *Qu'vn ignorant*
en nieroit plus qu'vn Philosophe n'en
sçauroit prouuer. Mais il ne faut pas
estre grand Philosophe pour re-
pousser la negatiue, & pour la faire rejaillir sur le front de ce Docteur, si ce Docteur auoit vn front.

Il dit que n *l'Eglise Grecque con-*
testeroit ce que i'ay dit, que la Sy-
rienne, celle de l'Egypte, celle d'E-
thiopie, celle d'Armenie, tout l'Orient
Chrestien, tout le Midy, & vne

bonne partie du Septentrion, qui
n'ont iamais connu l'Empire du Pape,
me defauoüeront. Et que tout ce
qu'il y a de plus orthodoxe & de plus
raifonnable dans l'Occident, n'y foufcrira iamais. Ce Docteur n'eftale
pas mal fa marchandife : non plus
que faifoit vn excellent vendeur de
Mitridat fur le Pont-neuf; qui pa-
roit fa banque de Crocodiles , de
Dragons, & de Monftres marins;
pour faire accroire au peuple qu'il
auoit tiré la quinteffence de tous
ces animaux bizarres, & que fes remedes eftoient extraordinaires. Ce
font de grands mots que ceux dont
ce Docteur nous fait parade , *de
l'Eglife Grecque, Syienne , d'E-
thiopie, d'Armenie, tout l'Orient
Chreftien , & tout le Midy. &c.*
Et ces grands mots prononcés à
pleine bouche, que l'on peut dire
Ad populum phaleras, eftonnent
de petits efprits, qui admirent en
les lifant le profond fçauoir de ce
Docteur. Et au bout du compte,
Autant en emporte le vent. Car

Monſieur, pour vous le faire
court; depuis la cheute des grandes Egliſes, d'Antioche, d'Alexan-
drie, & de Conſtantinople, deſ-
quelles releuoit tout ce qu'il y
auoit d'Egliſes Chreſtiennes en
Orient, & au Midy; ce qui eſt reſté
de ce grand debris dans toutes ces
contrées, & qui porte le nom de
Chreſtien, n'eſt pas tout Chreſtien.
Il y a parmy ces peuples quantité
de ſectes qui ſe diſent Chreſtiénes,
& qui ne ſont à proprement parler,
que des égouts du Iudaïſme, &
de Mahumetiſme, meſlez & broüil-
lez auec du Chriſtianiſme corrompu. Et il ne faut pas s'eſtonner ſi
cette ſorte de Chreſtiens ne reconnoit pas l'Egliſe Romaine pour
l'Egliſe Catholique: non plus que
pour amplifier les choſes à l'imita-
tiõ de nôtre Docteur, on ne doit pas
trouuer eſtrange que les Turcs, les
Perſans, les Indoux, les Chinois,
les Iapponnois, Malaca, Sumatra,
Madagaſcar, & tout ce qu'il y a
de païs Infidelles ſur la terre ha-

bitable, ne reconnoît pas le Pape.
On peut dire la mesme chose des
Eglises de ce païs là, qui sont plus
proprement reconnuës Chrestiennes; mais qui sont declarées Schismatiques, & Heretiques. Et il est
certain que tout ce qui est d'Orthodoxe en Orient & au Midy, reconnoît le Pape qui preside à Rome, pour le chef visible de l'E-
glise Chrestienne & Metropoli-
taine des Chrestiens. Quant aux *o* Ibid. p.
Moscouites que nostre Docteur 13. n. 21.
appelle *vne bonne partie du Septen-*
trion; tout le Monde sçait qu'ils
sont Heretiques Nicolaïtes, &
comme tels, qu'ils sont retranchez
de la Communion de l'Eglise Catholique.

Venons maintenant à ceux que
nostre Docteur appelle, p *Ce qu'il* p. Ib p.
y a de plus Orthodoxe & de plus 13. n. 21.
raisonnable dans l'Occident, & qu'il q Resp.
explique en suite par q *l'Angle-* p. 14. n.
terre, *l'Escosse*, *les Pais-bas*, *la* 23.
Suede, *le Danemarc*, *la Noruege*,
le Curland, *la Liuonie*, *la Transsi-*

uanie, vne grande partie de l'A-
lemagne, les Suisses, la Hongrie,
la Pologne, & quelques vnes des
Eglises de France. Laissant à part le
peu de iugement de ce Docteur,
qui appelle *ce qui est de plus Ortho-*
doxe & de plus raisonnable dans
l'Occident, cette grande estenduë de Païs & de Royaumes Schismatiques, où la secte de Caluin a
la moindre part, & vne part presque imperceptible, eu egard au
nombre infini de sectes qui diuisent
l'Angleterre, & la Hollande. Examinons s'il dit vray, quand il asseure que tous ces Païs & ces Royaumes du Couchant, ne reconnois-
soient pas l'Eglise Romaine pour la
seule Eglise Chrettienne & Catholique, lors que Luter rompit auec
elle. Ie ne sçay, Monsieur, sur quelle apparence de verité il peut as-
seurer vne chose si peu apparente.
Car n'est-il pas vray, & y a-til rien
de si clair au monde & de si connu,
que tout l'Occident celebroit la
saincte Messe en ce tempslà, comme

l'Eglife Romaine la celebroit, &
comme elle la celebre encore ?
N'eft-il pas vray, que tout l'Occidét difoit en ce temps-là les mêmes
Vefpres que l'Eglife Romaine difoit, & qu'elle les dit encore? N'eft-
il pas vray que tout l'Occidét auoit
en ce temps-là, le mefme nombre &
le mefme vfage des Sacrements, qui
eftoit & qui fe pratique encore auiourd'huy dans l'Eglife Romaine ?
Et n'eft-il pas vray que toutes les
Eglifes d'Occident receuoient en
ce temps-la auffi, la forme du regime Ecclefiaftique qui emanoit
de l'Eglife Romaine, & qui fe ré-
pandoit vniformement dans toutes les Eglifes de l'Occident? *Rem
ipfam auctorem dabo.* C'eft à dire,
la chofe mefme me feruira en cela
de témoin, & d'Auteur irreprochable. Car au temps de Luter,
l'Alemagne auoit receu auec ref-
pect & fousmiffion, les Bulles &
les Indulgences de Rome pour
la Croifade. La mefme Croifade
auoit efté receuë en mefme temps

& auec le mesme respect, par tout le monde Chrestien, qui reconnoissoit le Pape. C'est à dire par tout l'Occident. Car c'estoit là proprement que tout le monde Chrestien estoit, & qu'il est encore comme renfermé. D'où il s'ensuit, que tout ce monde Chrestien sans exception, reconnoissoit en ce temps-là, sans repugnance quelconque, l'autorité de l'Eglise Romaine, comme de l'Eglise Catholique, & de l'Eglise Metropolitaine de tous les Chrestiens.

Ie prouue cette verité par l'aueu mesme de nostre Docteur, qui dit; que r *Luter estoit en ce temps-là membre de l'Eglise de Saxe.* Mais l'Eglise de Saxe estoit en ce temps la membre de l'Eglise Romaine. Luter estoit donc en ce temps-la, membre de membre de l'Eglise Romaine. Il appuye la mesme chose quand il dit que s *Luter & Caluin se sont separez de l'Eglise Romaine:* Car il s'ensuit de ce que Luter & Caluin se sont separez de l'Eglise

r Resp. p. 19. num. 29.

s. ibid. n. 28.

Romaine, qu'ils estoient ioints &
liez auec elle. Il me feroit plaisir
de me dire; Quelle estoit cette ionction & cette liaison que Luter &
Caluin auoient auec l'Eglise Romaine ? Estoit-ce vne ionction &
vne liayson d'amitié simplement,
où d'vn deuoir plus fort & plus at-
tachât que n'est le lien de l'amitié?
Ce Docteur n'y hesite pas, & decide absolüement : *Que l'Eglise
Romaine estoit vne Eglise particuliere,* tqui de droit *n'estoit pas l'Eglise
de Luter ny de Caluin ;* v *l'vn estant
membre,* dit-il, *de l'Eglise Gallicane,
l'autre de l'Eglise de Saxe.* D'où il
conclud que ce n'estoit pas vn at-
tachement de deuoir & de droit.
Mais il m'auoüera, s'il luy plaist,
queLuter ne pouuoit estre ioint &
lié auec l'Eglise Romaine, auant
que de rompre auec elle, qu'en
l'vne ou en l'autre de ces deux
manieres. Ou comme Moyne
Augustin dependant du General
des Augustins, qui dependoit en ce
temps-là, & qui depend encore du

t Pa. 19.
n. 28.
v. n. 29.
jbid.

Pape : ou comme membre, à ce
qu'il dit, de l'Eglise de Saxe; entant
que l'Eglise de Saxe estoit membre
elle -mesme de l'Eglise de Rome.
Or en l'vne & en l'autre de ces
deux manieres, il est euident que
Luter, auant sa separation de l'E-
glise Romaine, estoit joint & lié
auec elle, non pas simplement d'a-
mitié, mais de deuoir & de droit :
& que de l'vne & de l'autre maniere, Luter estoit dependant de dependant de l'Eglise Romaine.

Il resulte encore des paroles de
ce Docteur, que Luther auant que
de renier l'Eglise Romaine, auoit
eu commerce auec elle : en ce qu'il
dit, *Que Luter & Caluin ne pou-*
uoient plus auoir de commerce auec
elle. Ou le mot de x *Plus*, presuppo-
se que Luter & Caluin auoient
donc commerce auec elle. Qu'il
nous die de grace, quel estoit ce
commerce? Estoit-ce vn commerce de societé, tel qu'il est de compagnon à compagnon ? Ou bien
vn commerce de dependance, tel

x. p. 19.
n. 30.

qu'il eſt d'inferieur à ſuperieur? Il
ſeroit ridicule de dire que Luter
Moyne, & Luter membre de l'E-
gliſe de Saxe, euſt pretendu de
traitter de compagnon & d'égal
auec le Pape. Il s'enſuit donc que
le commerce que Luter auoit auec
l'Egliſe Romaine, eſtoit vn commerce de dependance, & tel que
peut eſtre le commerce d'vn inferieur auec ſon Superieur. Et il s'enſuit de cela meſme, que Luter auant
ſa ſeparation de l'Egliſe de Rome,
l'auoit reconnuë pour ſa Superieu-
re, & pour ſon Egliſe Catholique.

Vous voyez donc, Monſieur, par
les choſes meſmes que ce Docteur
a eſcrites contre *la Catholicité* de
l'Egliſe Romaine, pour me ſeruir
de ſon propre mot, que c'eſt vn
grand Diſtillateur de galimatias. Il
en a tiré la quinteſſence quand il a
dit, que Luther & Caluin en ſortant de la Communion de l'Egliſe
Romaine, y *ſont demeurez dans l'E-*
gliſe Catholique, qui eſt réſpanduë par
tout le monde, qui eſt par tout où Dieu

y. p. 20.
n. 31.

a des adorateurs en esprit & en verité. z Et que le monde entier est auiourd'huy ce qu'estoit autrefois la Iudée: Car si Luter & Caluin sont demeurez dans l'Eglise Catholique; ils estoient donc dans l'Eglise Catholique: le mot de *demeurer* presupposant qu'ils y estoient. Or est-il que Luther & Caluin estoient membres de l'Eglise Romaine. Il s'ensuit donc par la propre confession de ce Docteur, que l'Eglise Romaine estoit l'Eglise Catholique. Mais il nous obligeroit bien fort de nous expliquer cét Enigme. *Luter & Caluin estoient dans l'Eglise Catholique. Luter & Caluin sont sortis de l'Eglise Catholique. Et Luter & Caluin sont demeurez dans l'Eglise Catholique.* Il nous obligeroit encore plus de s'expliquer luy-mesme, & de nous dire: Quelle estoit *cette Eglise Catholique répanduë par tout le monde*, dans laquelle Luter & Caluin sont demeurez, apres estre sortis de l'Eglise Romaine? Car si cette Eglise estoit répanduë par tout

tout le mond e, elle eſtoit ſans doute en quelque endroit du monde.
Qu'il nous die, où elle eſtoit? Et il
luy ſera du tout impoſſible de le
dire, s'il ne la met dans les eſpaces
imaginaires, où ſes réueries l'épor-
tent & le diuertiſſent tres-ſouuent.

Certainement, Monſieur, il ne
ſçait ce qu'il dit, & ne ſonge pas
aux conſequences qu'on en peut
tirer, quand il auance ſi legerement ; que Luter en ſortant de
l'Egliſe Romaine, *eſt demeuré dans
l'Egliſe Catholique*. Si cela eſt, Caluin a eu tort de quitter Luter. Et
Caluin ne ſe peut deffendre d'eſtre
ſorti de la communion de l'Egliſe
Catholique, en ſortant de la communion de Luter. Mais n'y regar-
dons pas de ſi pres, & ne nous ar-
reſtons pas à ſi peu de choſe. A-t'il
creu que l'Egliſe Luterienne, qui
eſtoit en ce temps-là à peine ſortie
du cerueau de Luter, eſtoit cette
Egliſe répanduë par tout le monde? S'il l'a creu, la notorieté du fait
le conuaincra du contraire : en ce

que la secte de Luter n'a preualu
durant & depuis Luter, qu'en quelques endroits de l'Allemagne, en
Danemarc & en Suede.

Si le Docteur a entendu parler
de la secte de Caluin, par cette
Eglise vniuerselle, & répanduë par
tout le monde, parce que tous les
Caluinistes pretendent que la secte
de Caluin est la seule spirituelle, &
la seule veritable; & que c'est chez
elle seule que Dieu *a des adorateurs
en esprit & en verité*; son opinion
sera contredite de tous les Luteriens, & de toutes les sectes mesmes
dont le nombre est infini, qui ont
esté produites de la secte de Caluin. Et apres tout, la verité de la
chose fera voir manifestemét, qu'il
n'y a iamais eu d'Eglise moins vniuerselle, ny moins répanduë par
tout le monde, que l'Eglise de
Caluin.

Que si ce Docteur pretend, comme il semble en auoir eu la pensée
en quelque endroit de cette réponse, que ie toucheray en son lieu; s'il

pretend, dis-je, que la secte de Caluin sera quelque iour répanduë par
tout le monde, & que toute la terre sera quelque iour Caluiniste ; ie
le desabuseray de sa croyance, & de
sa pretention, en luy disant : Qu'il
est vray que suiuant la doctrine des
Prophetes, toute la terre doit estre
quelque iour remplie de la science
de Dieu : Mais que les Prophetes
n'ont iamais entendu que toute la
terre doiue estre quelque iour remplie de la science de Caluin. Qu'il
est vray que Dieu doit estre quelque iour adoré par tout le monde :
mais que cette Prophetie ne regarde point les Caluinistes de Paris,
qui n'adorent Dieu qu'à Charan-
ton. Qu'il est vray que le monde
entier doit estre quelque iour ce
qu'estoit autrefois la Iudée ; c'est
à dire, que Dieu doit estre quelque
iour adoré par tout le monde, comme il estoit autrefois adoré dans la
seule Iudée. Mais qu'il est tres-faux
que tout le monde entier soit *au-*
iourd'huy ce qu'estoit autrefois la

Iudée , comme ce Docteur l'a entendu & l'a escrit. La verité estant,
qu'auiourd'huy tout le monde est
presque infidele , & que la Iudée a
esté autres-fois toute fidele.

Ce qu'il asseure n'est pas plus veritable, quand il dit ‚a *Que les Pro-*
phetes n'ont peu quitter la Commu-
nion de l'Eglise Iudaïque , parce que,
dit - il , *Dieu n'auoit alors d'Eglise*
que dans la Iudée. C'est vn menson-
ge appuyé de la plus foible & de
la plus friuole de toutes les raisons
du monde. Car ie vous prie , Monsieur , qui pouuoit empescher les
Prophetes que leur propre conscience, de faire des schismes dans
l'Eglise Iudaïque, comme Luter &
Caluin en ont fait dans l'Eglise
Chrestienne ? Et si rien n'a peu empescher les Prophetes de faire des
schismes que leur propre conscience; il s'ensuit que si les Prophetes
n'ont iamais quitté la communion
de l'Eglise Iudaïque, ce n'a pas esté
par ce qu'ils ne l'ont pas peu faire;
mais seulement parce qu'ils ne

a pag.20.
num.32.

l'ont pas voulu, & qu'ils ne l'ont pas deu faire.

Ce Docteur s'embarrasse & se contredit en cent façons dans vn mesme article. Car ayant dit que Luter & Caluin estoient membres, l'vn de l'Eglise de Saxe, l'autre de l'Eglise Gallicane; & qu'ils estoient par consequent membres de deux Eglises, qui estoient elles-mesmes membres de l'Eglise Romaine : Il veut neantmoins que Luter & Caluin se soient separez de l'Eglise Romaine, b *comme d'vn membre gasté*, où il prend le corps pour vn membre. Il veut outre cela, qu'vn membre se puisse separer de son corps, & s'en separer de luy-mesme. Et par vne extrauagance beaucoup plus grande, il pretend qu'on doit separer vn membre sain d'vn membre gasté : c'est à dire, qu'on doit couper vne main saine d'vn bras gangrené, de peur que la main ne deuienne gangrenée. Ce qui est impertinent au dernier point. Car la main separée du bras, mourra

b. pag. 29. num. 29.

bien pluſtoſt de la ſeparation que de la gangrene.

La reflexion qu'il fait en ſuitte ſur les paroles de S. Cyprien, qui compare l'Egliſe Catholique à vn Soleil, eſt tout à fait chimerique, quand il dit : Que Rome eſtoit vn rayon de ce Soleil; *Mais c vn rayon obſcurcy qu'il falloit ſeparer.* Sur quoy, ie voudrois bien premiere-ment qu'il m'appriſt ce que c'eſt, *qu'vn rayon du Soleil obſcurcy.* Se-condement qu'il me diſt, ſi l'on peut ſeparer vn rayon du corps du So-leil, comme l'on arrache vne plu-me de l aiſle ou de la queuë d'vn oyſeau. Ie luy demande en troiſié-me lieu. Qui a ſeparé ce rayon du corps du Soleil? C'eſt a dire, qui a ſeparé l'Egliſe Romaine du corps de la Catholicité? comme il parle: Car il eſt certain que l'Egliſe Ro-maine conſiderée comme vn Dio-ceſe particulier, peut eſtre dite vn rayon de la Catholicité, qui eſt at-tachée à ſon Dioceſe meſme. Et nous n'auons pas appris que qui

c. pag. 21 num. 4.

ce foit ait feparé l'Eglife Romaine
de fa Catholicité. La Catholicité
eft le propre infeparable de l'Eglife Romaine. Elle y eft toufiours
attachée : Et fuiuant la parole de
Iefus-Chrift, l'Enfer mefme ne l'en
fçauroit détacher. C'eft Luter &
Caluin qui fe font détachez de cette Catholicité. Ou pour dire la
chofe comme elle eft, Luter & Caluin ont efté deux membres gaftez
que l'Eglife Catholique a retranchez de fa communion & de fon
corps. En verité, Monfieur, plus
i'examine ce Docteur , plus ie le
trouue bas d'aloy quant à la raifon. Et fans luy faire iniuftice, on
peut dire de luy qu'il n'eft fecond
qu'en vetilles extrauagantes.

Il fe réjoüit & nous en conte,
quand il parle d du Diocefe Romain *d pag.14.*
comme il feroit de la Parroiffe de *num. 12.*
Vaugirard. Et cela, parce que chez
luy, c'eft à dire chez Caluin , chaque petite Eglife fait fa Parroiffe,
& chaque petite Parroiffe fon Diocefe. Qu'on ne diftingue pas chez

luy, Diocefe de Metropole, Metropole de Primatie, & Primatie de Souuerain Pontificat. Ce qu'il nous rebat à ce propos de Catholique & de Romain; Et que l'Eglife Romaine e *n'eſt pas l'Eglife Catholique, non plus que Rome tout l'Vniuers*: Tout cela eſt ſi populaire & ſi bas, qu'il ne faut que le méprifer pour le deſtruire.

Il n'eſt donc rien de plus vray que ce que i'ay dit: Que l'Eglife Romaine eſtoit la feule Eglife Chrêtienne & Catholique, & reconnuë telle de tous les Chreſtiens, lors que Luter ſe reuolta contre elle. La deſſus noſtre Docteur prend le change, & le prend à deſſein pour me le faire prendre auec luy, quand il dit: que Luter & Caluin ont creu que l'Eglife Romaine eſtoit en ce temps-là, f *Heretique dans ſes dogmes, ſuperſtitieuſe dans ſon culte, & que dans ſon gouuernement elle vſurpoit vne domination trop abſoluë*: Que c'eſt pour cela qu'ils ſe font feparez de ſa communion: Et

que c'eſt pour cela auſſi qu'ils en
deuoient ſortir. Mais ce Docteur
me permetta de luy dire en cét
endroit ce que ie ne ſçaurois dire
autrement : que tout ce qu'il a dit
de l'Egliſe Romaine, eſt abſolument faux. Cela n'empechera pas
que ie n'aille plus auant que luy,
& que ie ne luy donne de ce coſté
là plus qu'il ne ſçauroit demander.
Car poſons le cas que le deſordre
qu'il veut faire accroire qui eſtoit
dans l'Egliſe Romaine, eût eſté encore plus grand que tout ce que ce
Docteur emporté en a dit : Et que
du temps de Luter , Rome eût effe-
ctiuement erigé l'Idole de Bacchus,
ou de quelque autre plus ſale diui-
nité Payenne dans le Vatican; tout
ainſi que du temps d'Elie les Idolâtres de l'Egliſe d'Iſraël éleuerent
l'Idole de Baal , dans la maiſon de
Dieu qui eſtoit en Iſraël; & tout
ainſi que du temps d'Iſaye, les Idolatres de l'Egliſe Iudaïque placerét
l'Idole de Damas dans le Temple
de Salomon. Ie ſoutiens Monſieur,

ce que i'ay foutenu dãs la lettre que
ie vous ay écritte, que Luter & Caluin ne deuoient non plus fortir de
la communion de l'EglifeRomaine
pour vne telle abomination, qu'E-
lie ne fortit iamais de la communion de l'Eglifed'Ifraël pour l'Idole de Baal ; & qu'Ifaie ne fortit iamais de la communion de l'Eglife
Iudaïque pour l'Idole de Damas.

I'ay appuyé cette propofition de
tant de raifons, & de tant d'autoritez de l'Efcriture-Sainéte, dans
la lettre que ie vous ay écritte, &
dans la lettre que i'ay écritte à
Philotime, que ie puis dire en auoir
accablé tous vos Doéteurs. Et ce
Doéteur bizarre qui a pris à tafche
de répondre à la lettre queie vous
ay écritte, n'a touché pas vne de
mes raifons , & n'a touché pas
vn des paffages que i'ay alleguez.
Il a fauté par deffus toutes mes raifons, il a fauté par deffus tous mes
paffages;&croit auoir payé le monde en fauts & en gambades. Mais
le monde ne fe contente pas de

cette monnoye. Ferme là, Docteur!
Car vous refuterez mes raisons, &
vous inscrirez en faux contre les
passages que i'ay alleguez: ou vous
declarerez que vous ne le sçauriez
faire. Ie sçay que vous estes vn Pro-
tée en euasions: Mais ie seray vôtre
Aristée: Et ie vous serreray de si
prés, que ie vous forceray d'auoüer
la verité en dépit que vous en ayez.

Arrestons nous encore vn peu sur
cét article, & reprenons ce qui à
esté dit cy-dessus du Prophete Elie.
Ce x BERNEHEVTRE nous prend
pour des Ours, & croit nous pouuoir mener par le nez, quand il dit,
que g *Luter & Caluin ont fait com-*
me Elie. Qu'ils ont exhorté les Roys
& les Princes à la pureté de la Foy.
h. *Et qu'ils ne sont non plus sortis de*
l'Eglise Catholique, qu'Elie de la Iu-
daïque. Pour demontrer le contraire de ce qu'il a dit, faisons le
parallele de Luter & de Caluin
auec Elie; & de l'Eglise Romaine,
telle que vos Reformateurs pretendoient qu'elle estoit du temps

x Voyez la p. 22. num. 40.

g. Pag. 17. num. 26.

h. Pag. 19. n. 27.

B vj

de Luter & de Caluin, auec l'E-
glife Iudaïque, telle qu'elle eftoit
du temps d'Elie: Et vous trouuerez, Monfieur, qu'entre ces com-
paraifons il y a difference comme
du iour à la nuit.

Quant au parallele de Luter &
de Caluin auec Elie, il fera bien-
toft fait. Il ne faut que prendre le
rebours de ce qu'eftoit Elie, pour
l'appliquer à Luter & à Caluin, &
la comparaifon de l'vn auec les
deux, fe trouuera parfaite. Sur
tout, en ce que ce Docteur a dit:
i *Que Luter & Caluin ont exhorté
les Roys, & les Princes à la pureté
de la Foy.* Car fi Luter & Caluin
auoient en cela imité Elie, ils feroient allez à Rome, & auroient
dit en face au Pape Leon X. ce
qu'ils prechoient de luy en fon ab-
fence: *Qu'il eftoit l'Antechrift, le
fils de perdition, & la Befte de l'A-
pocalypfe.* Et ils luy auroient dit
autant d'iniures qu'Elie reprocha
de veritez au Roy Achab, & les
luy reprocha en face. Mais Luter

fe tint clos & couuert à Vittemberg , Caluin à Geneue. Et de ces
lieux auantageux, ils prechoient &
efcriuoient contre l'Eglife Romaine , qu'ils appelloient *la Femme
proftituée.* Et bien loin de faire
comme Elie , ils reffembloient à
deux maftins montez fur de hauts
paillez, qui aboyent les paffants
de haut en bas.

Venons à l'autre parallele de
l'Eglife Romaine, & de l'Eglife Iudaïque. Il eft certain, Monfieur,
que le defordre de l'Eglife Iudaïque , prife generalement & pour
l'Eglife Iudaïque & pour celle
d'Ifraël , ne fut iamais plus grand
qu'il eftoit du temps l'Elie. Il eft
certain auffi que Luter & Caluin
comparoient l'Eglife Romaine de
leur temps, à l'Eglife Iudaïque du
temps d'Elie: Et qu'ils appelloient
l'Eglife Romaine, *idolatre & cor-
rompue*, auec autant de chaleur &
de vehemence qu'Elie appelloit
ainfi les reprouuez de l'Eglife Iudaïque. Mais quoyque du temps

d'Elie, il y euſt vn tel deſordre d'i-
dolatrie, & de corruption , dans
l'Egliſe Iudaïque; l'Egliſe Iudaïque ne laiſſoit pas pourtant d'eſtre
l'Eſpouſe de Dieu : ce que i'ay
amplement demontré dans ma lettre à Philotime. Et quoyque Luter
& Caluin appellaſſent l'Egliſe Romaine de leur temps , idolâtre &
corrompuë, elle ne laiſſoit pas ſem-
blablemét d'eſtre l'Eſpouſe de I.C.
par les raiſons que i'ay déduites dãs
la meſme lettre. Non plus qu'elle
ne laiſſoit pas d'eſtre l'Egliſe Catholique par les raiſons que ie viens
preſentement de vous eſcrire.

Cela eſtant poſé de cette ſorte;
pour bieniuger de la verité de ce
que noſtre Docteur a auancé
quand il a dit; *Que* x *Luter* & *Cal-*
uin ont fait comme Elie, & *qu'ils ne*
x pag. 19. *ſont non plus ſortis de l'Egliſe Catho-*
num. 27. *lique, qu' Elie de la Iudaïque :* examinons ce que fit Elie à l'eſgard de
l'Egliſe Iudaïque , & ce qu'ont fait
Luter & Caluin, ou pluſtoſt ce qu'a
fait Caluin ſeul, car nous n'auons

maintenant à faire qu'à luy feul, à
l'égard de l'Eglife Romaine. Il eft
certain, Monfieur, qu'Elie n'eft iamais forti de l'Eglife Iudaïque. Et
il eft certain que Caluin eft forti
de l'Eglife Romaine, qui eftoit notoirement reconnuë de tous les
Chreftiens de ce temps-là, pour
l'Eglife Catholique ; & que Caluin mefme reconnoiffoit pour telle, par l'aueu de noftre Docteur,
qui dit : Que Caluin eftoit alors
membre de l'Eglife Gallicane. Or
l'Eglife Gallicane reconnoiffoit en
ce temps-là, & reconnoit encore
l'Eglife Romaine pour l'Eglife Catholique. Il s'enfuit donc que Caluin eftant membre de l'Eglife Gallicane, eftoit membre auffi de l'Eglife
Catholique Romaine; & qu'en fortant de l'Eglife Romaine, il fortit
& de l'Eglife Gallicane, & de l'E-
glife Catholique reconnuë telle
par luy-mefme.

Noftre Docteur inconnu dit que
Caluin en fortit; *parce que l'Eglife
Romaine eftoit idolatre & corrompuë.*

Mais l'idolatrie & la corruption
estoient sans comparaison plus
grandes dans l'Eglise Iudaïque du
temps d'Elie; que Caluin mesme
ne pretendoit qu'elles estoient de
son temps, dans l'Eglise Romaine.
Et puis qu'Elie n'estoit pas sorti
de l'Eglise Iudaïque telle qu'elle
estoit; Caluin deuoit encore moins
sortir de l'Eglise Romaine, telle
qu'il pretendoit qu'elle estoit.

Elie eut du respect & de la veneration pour le Temple consacré au
seruice de Dieu, quoy qu'il eust
esté prophané par vn Autel abomi-
nable qui y auoit esté dressé, & par
l'Idole que la Reyne idolâtre y
auoit éleuée. Elie releua le viel Autel de ce Temple, que les Prestres
de Baal auoient abatu, & n'en
bastit pas vn nouueau. Elie se pro-
sterna au pied de ce vieil Autel. Il y
fit ses prieres à Dieu. Il y dressa le
bucher, & mit son holocauste en
pieces sur le bucher. Et les prieres
qu'Elie fit dans ce Temple prophané eurent vne telle vertu, qu'elles

firent defcendre le feu du Ciel fur le bucher & fur l'holocaufte.

Caluin en a vfé de toute autre maniere enuers les Temples de l'Eglife Catholique , qui auoient efté confacrez au feruice de Dieu, & de Iefus-Chrift noftre Redempteur ; Caluin a demoli tous les Temples Chreftiens fur lefquels le zele furieux de fes Sectateurs a peu exercer fon tyrannique pouuoir. Caluin a abatu les vieux Autels de ces Temples, & en a bafti de nouueaux dans les Temples nouueaux qu'il a edifiez. Mais quels Autels a-t'il abatus ? Des Autels fur lefquels depuis tant de fiecles l'Eglife Catholique celebroit le tres-faint Sacrifice du Fils de Dieu, en commemoration perpetuelle de fa mort : Iefus-Chrift mefme en partant de ce monde , ayant recommandé auec tant de foin cette commemoration à fes Fideles. C'eftoit aux pieds de ces Autels que les fideles Catholiques s'eftoient repus depuis tant de fiecles, & qu'ils fe repaiſſoient tous les iours, du Corps precieux de Ieſus-Chriſt au ſaint Sacrement de l'Euchariſtie; non pas à la maniere des Caphernaïtes, ny de la maniere que vous l'entendez, quand vous prenez les Catholiques pour des *Antropophages*, c'eſt à dire pour des mangeurs de chair humaine. Non Monſieur, les Fideles Catholiques de ce téps-là ne mangeoient pas le Corps de Ieſus-Chriſt au Sainct-Sacremenr de l'Euchariſtie, d'vne maniere Caphernaite : Mais comme nous le mangeons encore auiourd'huy, d'vne maniere Sacramentale, d'vne maniere ſpirituele, d'vne maniere reelle & ſubſtantiele. C'eſtoit aux pieds de ces Autels, que les Fideles Catholiques adoroient Ieſus-Chriſt qui ſe donnoit & ſe communiquoit aux hommes par le Sᵗ. Sacrement de l'Euchariſtie. C'eſtoit aux pieds de ces Autels qu'ils adoroient le Myſtere d'vn Sacrement miraculeux, qui nourriſſoit leurs ames par le corps de Ieſus-Chriſt dans l'eſperance de

la vie éternelle, & leurs corps dans
l'efperance de la refurrection. Et
ces Catholiques adoroient ce même
Myftere fans le comprendre, que
les Anges adorent, & que les Anges
ne fçauroient comprendre non
plus que nous.

C'eftoient les vieux Autels que
Caluin a démolis pour en baftir de
nouueaux. Mais quels nouueaux
Autels a-til baftis? des Autels où
l'on n'adore rien, parce qu'il n'y
a rien; & quil ne faut point d'a-
doration à rien. Ce font des Autels
que nôtre Docteur inconnu appelle
des Autels: mais qui ne font pas des
Autels. Que font-ils donc? Rien. Ce
font des Autels imaginaires, fur lefquels Caluin a inftitué vn Sacrement imaginaire; vn Sacrement fans
la chofe du Sacrement; vne Euchariftie fans Euchariftie, vne Euchariftie, dont le pain n'eft pas be-
nit, fur lequel on ne dit pas vne parole de benediction, de confecra-
tion, ny d'action de graces. Qui ne
peut eftre par cófequent le pain Eu-

chariſtique; c'eſt a dire le pain de
Benediction & d'Action de graces.
Et qui ne ſçauroit eſtre par la même
raiſon le Corps de Ieſus-Chriſt.
C'eſt vn pain naturel & commun,
qui demeure touſiours pain naturel & commun, qui ne ſe change
point au Corps de Ieſus-Chriſt; &
qui ne change par conſequent ni
les Corps ni les Ames de ceux qui
le mangent; qui les laiſſe touſiours
en même eſtat: Et qui ne leur
donne aucune eſperance de nour-
riture en vie éternelle.

Apres cela, voyez ie vous prie,
Monſieur, ſi noſtre Docteur incônu
a raiſon de dire que Caluin a fait
ce qu'Elie a fait. Et jugez du franc
galimatias qu'il pretend nous debiter, quãd il nous veut faire accroire que Caluin n'eſt non plus ſorti
de l'Egliſe Catholique, qu'Elie de
l'Egliſe Iudaïque. Il nous veut même perſuader que l'Egliſe Catholique eſt ſortie de la communion
de Caluin, & que Caluin n'eſt pas
ſorti de la communion de l'Egliſe

Catholique. Peu s'en faut qu'il ne nous die que Caluin seul, estoit l'Eglise Catholique, & que hors de Caluin il n'y auoit point de salut. Il faut auoir vne boëtte à tabac au lieu de teste, pour raisonner de cette sorte. *Cabeça de tabaquera*, dit l'Espagnol, *que no tiene ceruelo.*

Ce Docteur me fait ressouuenir de Iodelet, qui ne sçachant que dire sur le Theatre, s'amusoit à prendre des mouches. Il esquiue les raisons essentielles de ma lettre, & n'y osant toucher, il amuse le tapis, & entretient son Lecteur de bagatelles. Il dit tantost qu'il a refuté ce qu'il n'a pas seulemét effleuré dans ma lettre. Tantost, il me reproche l *que j'ay caché ce que c'est que le Schisme*; quoy que i'aye defini les Schismatiques par Caluin même, qui dit : *Que ce sont ceux qui font sectes à part, pour rompre l'vnité de l'Eglise.* Il le trouuera écrit en ces propres termes dans ma Lettre. Il supplée à mó deffaut, & dit qu'on appelle Schismatique m *celuy qui*

l. Pag. 12. num. 18.

pour quelque consideration legere, par caprice & par vanité, se separe de la communion de ses freres. Mais, Monsieur, considerez bien ces paroles, & vous trouuerez que c'est pluftôt la definition d'vn fou à marote, que d'vn Schifmatique : Et que ce Docteur s'eft defini luy mefme.

Il dit en vn endroit, que fuyuant les preceptes de l'Euangile, *si l'on nous persecute en vn lieu, nous deuons fuir en l'autre.* D'où il conclud que Luter & Caluin ont deu faire les Schifmes qu'ils ont fait : Mais jamais paffage n'a efté allegué plus mal à propos, pour autorifer de fi grands maux que font les Schifmes. Car Luter & Caluin ont fait au delà du precepte & du paffage, qui ne permet pas de fe feparer de l'Eglife. Elie s'enfuit & fe déroba à la violence de la fanguinaire Iefabel, comme parle nôtre Docteur : Mais Elie glorifia Dieu dans le defert, où il fe retira, fans renoncer à l'Eglife Iudaïque. Luter & Caluin ont blafphemé côtre Dieu à Vittremberg

& à Geneue, où ils se sont refugiés ;
& ils ont blasphemé contre Dieu ,
par les Schismes qu'ils ont faits , &
par les heresies qu'ils ont répan-
duës dans toute la Chreftienté. Car
sans parler de leurs autres Herefies,
la plus criminele de toutes a esté
celle-cy, d'auoir pretendu appuyer
le Schisme qui est si contraire à l'E-
criture-Sainte, par l'Ecriture-Sainte mesme.

Il me reproche en vn autre lieu, *que ie ne souffrirois iamais le Mar-* Pag. 34. num. 52.
tyre que j'eusse conseillé à Caluin de souffrir. A quoy ie dis, que si Dieu m'appelloit à vne telle épreuue, j'ay lieu de croire qu'il me donne-roit la force de me soûmettre sans murmure à sa volonté. Il est vray que ie ne m'exposeray iamais à la derniere rigueur des peines Eccle-siastiques, & que ie ne dogmatiseray jamais pour les souffrir. Il n'est rien de si contraire à mon humeur, & à ma raison, que le Dogme ; que ie n'admets & que ie ne reçois que pour les articles de la Foy Catho-

lique. Ie le banis de toutes mes opinions particulieres, pour lesquelles
ie ne dogmatise point, & que ie
soûmets à la censure de l'Eglise: Ne
voulant pas obliger les autres à
croire mes fantaisies ; & ne m'obli-
geant pas non plus à suiure les ca-
prices d'autruy. Caluin n'en a pas
vsé de la sorte. Il s'est exposé à toutes les rigueurs des peines Ecclesiastiques par les heresies qu'il a souste-
nües & opiniastrées: Et pour lesquelles on peut dite qu'il a dogma-
tisé à outrance. Il ne faut que lire
sa vie que Beze à écritte, pour estre
informé de la violance.& de la tyrannie qu'il exerça sur les conscien-
ces des Geneuois, par les factions
qu'il auoit émües dans le Senat de
Geneue. Iusques-la mesme, qu'il
fit bruler Seruet pour n'auoir pas
esté de son sentiment. Que le pro-
cedé des Propheres & des Apostres
estoit different de celuy de Caluin!
Les Propheres & les Apostres s'ex-
posoient à la mort, & souffroient
la mort, pour persuader que leur
vocation

vocation eſtoit diuine. Caluin ne
pouuoit pas mieux perſuader que la
ſienne eſtoit Diabolique, qu'en
imitant les œuures du Diable *qui eſt
meurtrier dès le commencement*, & en
condamnant irremiſſiblement à la
plus cruelle de toutes les morts,
ceux qui ne vouloient pas croire
en luy.

NôtreDoƈteur eſt tout à fait plai-
ſant quand il s'attache à ce que j'ay
dit queLuter auoit fait tout ce qu'il
auoit peu, pour demeurer dans l'E-
gliſe Catholique. Et qu'il infere de
là, QueLuter n'eſtoit donc pas coupable, puiſqu'il auoit fait ce qu'il
auoit peu.Parce que,dit-il, *La iuſti-
ce la plus ſeuere de noſtre monde* (ce
ſót ſes paroles) *excuſe touſiours celuy
qui a fait ce qu'il a peu*.Mais la juſtice
du monde Chreſtien (qui n'eſt pas
le monde de noſtre Doƈteur) n'excuſe pas celuy qui n'a pas fait tout
ce qu'il a deu, & tout ce qu'il a peu
faire. Et c'eſt par là que Luter eſtoit
inexcuſable. Sa conſcience luy reprochoit la grandeur de ſon crime

Pag 6.

par le Schifme qu'il alloit faire: Et il ne laiffa pourtant pas de le faire. Quelque peril qu'il dût encourir, fon deuoir l'obligeoit à mourir plû-toft qu'à fortir de l'Eglife Catholi-que. Et ce n'eftoit pas vne chofe im-poffible à Luter, comme le pretend ce Docteur, que de s'expofer à la mort, & de mourir en s'aquittant de ce qu'il deuoit faire. Les Prophe-tes & les Apoftres ont fouffert le martyre pour ce mefme deuoir: & comme parle S. Paul, pour la ne-ceffité qui leur eftoit impofée de prophetifer & d'euangelifer.

Il dit tantoft, n *Que ie fais des com-mētaires fur l'Apocalypfe.* C'eft tout le contraire. Car i'ay protefté dans ma lettre que ie n'y entends rien. Et j'ay mefme traitté de ridicules vos Miniftres, qui font profeffion de l'entendre; & qui pis eft, qui font des Articles de foy de fes plus obfcures Propheties. Ce que j'en ay dit, n'a efté que par coniecture, pour refuter les leurs, & m'en moquer.

n Page 22. n. 36

I'auois dit que la grande Cité de Saint Iean n'eſt pas Rome, parce que Rome n'a iamais regné ſur tous les Roys de la terre, comme Saint Iean l'a entendu de Babylone. A quoy noſtre Docteur répond, que Saint Iean ne dit pas que la grande Cité a ſon regne ſur tous les Roys de la terre; mais ſeulement, qu'elle a ſon regne ſur les Roys de la terre. Mais ſi noſtre interprete de l'Apocalypſe auoit bien leu Saint Iean, il auroit appris qu'en parlãt de Baby‑lone, il a dit d'elle par deux fois, que *toutes les nations* ont beu du vin de ſon impureté. Et ſur la fin du 18. chap. Que *toutes les nations* ont eſté enſorcelées de ſes venefices, qui eſt même choſe que de ſes filtres. D'où il s'enſuit que les Roys de la terre qui ſe ſont enyurez de ce vin, & qui ont eſté enſorcelez de ces filtres, ſont les mêmes que les Roys de toutes les nations de la terre, & & que tous les Roys de la terre par conſequent.

Ce que noſtre gaillard adioute Page. 25.

à ce propos, est inestimable. Car encore qu'il reconnoisse que Rome n'est pas Reyne de toutes les nations du monde, il asseure pourtant qu'elle l'est, parce qu'elle a enuie de l'estre. Parce, dit-il, que Rome se disoit autres-fois Maitresse du monde. Et que Rome d'auiourd'huy pretend disposer de tous les Royaumes, qu'ant au temporel, & quant au spirituel. Il va même au delà, & s'éuapore, quand il dit sur le ton poëtique & fabuleux ; Que les Courtisans de Rome ne limitent pas son pouuoir par les extremitez de la terre, mais le font aller dans le Ciel & dans les Enfers. Surquoy pour toute replique, ie renuoye ce larron de fables à Buchanan, de qui il a pris ces pensées grotesques.

Ce Docteur a vn esprit folet quand il nous veut faire accroire que c'est o *vn Sophisme puerile de dire que sept & sept font quatorze.* Le Bernia affirmoit qu'Aristote estoit vn grād Philosophe, parce disoit-il,

o Page 28. n. 43.

Che non imbarca altrui ſenza biſcotto.
Non dice le ſue coſe in aria , al vento ;
Ma, tre e tre fa ſei, quattro e quattro
otto.

Ie croy ne m'eſtre pas embarqué
ſans biſcuit non plus qu'Ariſtote,
quand jay dit, que ſept & ſept font
quatorze. Noſtre Docteur emba-
raſſé dit à ce propos; *Qu'vn même*
emblême ſe peut rapporter à diuerſes
choſes, & qu'il n'eſt rien de ſi ordi-
naire dans les Types du vieux Teſta-
ment. A quoy ie réponds : Qu'il n'eſt
pas moins ordinaire dãs ces mêmes
Types , que diuers emblefmes ſe
rapportent à vne même choſe. Te-
moin les ſept vaches graſſes , &
les ſept eſpis pleins, du ſonge de
Pharaon ; qui ſignifioient non pas
quatorze, mais ſept années d'abon-
dance. Témoin auſſi les ſept vaches maigres, & les ſept eſpis vuides,
qui ſignifioient non pas quatorze,
mais ſept années de ſterilité. Et dãs
ce lieu de l'Apocalypſe, *ſept Mon-*
taignes & ſept Roys, ne ſignifient
qu'vne même choſe. Ce que j'ay

prouué, & ce que noftre Docteur ne fçauroit refuter.

Il croit tantoft m'auoir bien conuaincu, fur ce que j'ay dit que la deftructió de Babylone doit fuiure *jmmediatement* la fortie du peuple de Dieu de Babylone. Ce que j'ay prouué par Ieremie, & par la comparaifon de ce mefme Prophete, qui fait fortir le peuple de Dieu de Babilone *tout ainfi que Lot fortit de Sodome*. A quoy noftre Docteur jouial ne repond pas. Il fe contente de nous faire voir fon agilité, en fautant preftement par deffus le paffage. Mais-peut eftre auffi que la comparaifon l'a choqué. Et qu'il a tant d'auerfion pour Sodome, qu'il n'en veut pas feulement ouïr parler. Ne bleffons pas fa pudeur, & ne le tenons pas plus long-temps fur cét article. Paffons outre.

Il dit que *ie fuis fort éloigné de mon conte, de croire que tout le peuple de Dieu foit forti de Babylone.* Qu'il faut bien plus de fix ou fept vingt ans pour cette fortie. Et que

la deſtruction de Babylone q *n'eſt* q. Pag. 31.
autre que celle du dernier Jugement. num. 47.
Or eſt-il que ce Docteur croit que
tous les Caluiniſtes ſont le peuple
de Dieu. Il croit donc que tous les
Catholiques ſe feront Caluiniſtes:
Et que tout Paris ira quelque iour
à Charenton. Il fait bien de prendre du temps pour cela; Et de le
remettre r *à la fin des ſiecles.* Com- r. Pag. 31.
me auſſi pour ne pas ſe tromper num. 46.
en la deſtruction de la ville de Rome, qu'il dit eſtre la Babylone, il
vſe d'vne tres grande prudence,
quand il la differe *au iour du dernier*
Iugement. Chi à tempo, à vita.

Mais il n'eſt point d'endroit ſur
lequel noſtre Docteur s'épanoüiſſe
auec tant de plaiſir, qu'au diuer-
tiſſement que luy donnent mes
Preadamites. C'eſt là oùil s'attache
quand il ne ſçait où il en eſt. C'eſt
ſon lieu de repos. C'eſt le refrain
de ſa balade: Et vn refrain qu'il re-
pete fort ſouuent, parce que fort
ſouuent il ne ſçait où il en eſt.
Ce n'eſt pas mon deſſein de ju-

ſtifier mes Preadamites, que l'E-
gliſe Catholique a condamnez;
que j'ay abjurez, & que j'abiure
de tout mon cœur ; parce qu'ils ne
ſont pas conformes aux ſentimens
de l'Egliſe Catholique, qui ſont
les mêmes que les decrets des Conciles , & les autoritez des Saints
Peres. Qu'il me ſoit permis de
dire, que ce Farfadet eſt le premier qui a creu me pouuoir im-
punement traitter de ridicule, pour
auoir eſté l'Auteur de ce Liure.
Mais s'il cõtinüe de ſe joüer à cette
lime, ie ne réponds pas de ſes dents,
les eûr-il plus longues qu'il ne
les a.

Il me fait croire, Monſieur, qu'il
n'a pas leu mes Preadamites par
les galanteries qu'il en a dites. Car
il en parle comme vn Allobroge.
Il dit que ſ *Vous n'auez iamais em-*
ployé voſtre raiſon à chercher le monde
auant la creation, & des hommes
auant Adam. Que veut-il dire par
chercher le monde auant la Creation ?
Ie ne l'entends pas. Et ie croy qu'il

ſ. Pa. 3. n. 4.

ne s'entend pas luy même. I'ay bien cherché des hommes auant Adam : mais ie n'ay iamais cherché le monde auant la Creation. Il ne trouuera rien de semblable à cela dans mes Preadamites. Et il me fait dire vne chose à laquelle ie n'ay iamais pensé. Quand j'estois plus jeune que ie ne suis, des gaillards auoient parlé de moy en mon absence en bonne compagnie, & m'auoient fait l'Auteur de beaucoup d'extrauagances que ie n'auois ni faites, ni dites. Ie les fis taire par ces vers, ou plustost par cét *in-promptu* que ie fis alors.

> *On me fait tenir des assises*
> *Parmy le commerce coquet ;*
> *Où l'on dit que j'ay du caquet*
> *Plus que n'en ont des Pies prises.*
> *Et ne faut pas s'émerueiller*
> *Si ie dis beaucoup de sottises,*
> *Puis que des sots me font parler.*

Le Docteur s'appliquera s'il luy plaist cette Epigramme en semblable sujet, au *pro-rata* de ses merites.

t *Pag.* 21.   Il dit que i'ay cherché des chime-
num. 35. res t *au dela du siecle des Lutins, qui*
ne nâquirent qu'au temps d'Adam ,si
l'on en croit les Rabbins. Mais ce
ROBIN BEN-MIPHLESET
n'a pas leu d'autres Rabbins, qui
diſtinguent de Lutins. Qui diſent
qu'il y a de jeunes Lutins, & de
vieux Lutins : des Lutins qu'on appelle, PILOSOS : *des Lutins barbons,*
ou *des Lutins à barbe de bouc.* Si bien
qu'il ſe peut faire, ſuiuant les Rabbins de noſtre Docteur, que les jeunes Lutins ſoient nays au temps
d'Adam. Mais d'autres Rabbins, ou
d'autres reſueurs, diront auſſi que
les vieux Lutins ſont nays auant
Adam. Et s'il en faut croire les chimeres d'Heſiode, les Hamadriades
qui ſont les Fées & les femmes des
vieux Lutins, ſont nées, pres de *ſix*
cents mille ans auant Adam. Si nôtre
Docteur veut apprendre vne plus
particuliere Hiſtoire de ces vieux
Lutins; qu'il liſe ce qu'en a écrit
Zoroaſtre dans ſon Pentacle, &
Rabbi Haccadoch dans ſon Ga-

ſereſaja. Il y trouuera de quoy ſa-
tisfaire ſa curioſité.

Mes Preadamites ont mis ce Docteur goguenard de ſi belle humeur, qu'il ſouhaiteroit voĺontiers,
Que ie vouluſſe donner au public,
Vne carte des païs de la Lune, x Vne-
deſcription des Mondes que le grand   v. P. 22.
Alexandre eſt vne fois enuie de con-   num. 37.
querir, & y quelque Hiſtoire des guer-   x. Ib. n.
res des Grües & des Pigmées. Il n'y a   38.
choſe au monde que ie ne vouluſſe   y. Ib. n.
faire pour contenter le deſir d'vn   39.
Docteur ſi facetieux. C'eſt dómage
que ie ne le connoiſſe. Il verroit la
paſſion que j'ay de luy complaire.
Mais ie le prie de conſiderer que ie
ne puis pas trauailler à des choſes
faites, & faites par de tres grands
perſonnages.

Car pour ce qui eſt de *la Carte*
des païs de la Lune, Monſieur He-
uelius de Dantzic, grand Philoſo-
phe, & grand Mathematicien, a
fait la Selenographie, qui eſt la deſcription de la Lune. Monſieur
Vanlangren, des Païs bas, s'eſt di-

uerti fur vn femblable fuiet. Et
comme il a creu eftre le maiftre des
belles contrées qu'il a découuertes
au globe de la Lune, il en a efté tres
liberalà l'endroit de beaucoup de
fes amis, à qui il les a largementdi-
ftribuées. Ie ne le connois pas, mais
j'ay des amis qui font fes intimes.
Et ie me fais fort, que fi ce Docteur
y veut auoir quelque place pour
baftir, car on y fait de beaux Châ-
teaux auffi bien qu'en Efpagne ; il
n'a qu'à me faire fçauoir, s'il veut
que cette place foit fur vn coftau ,
ou dans la plaine ; fur le riuage de
la mer ou fur le bord d'vne riuiere,
& ie luy promets qu'il fera ferui à
fouhait.

Pour ce qui eft des *Mondes que
le grand Alexandre eût vne fois enuie de conquerir.* Vne fois ! Pourquoy non deux ? Mais ne nous
arreftons pas là. Ce Docteur n'a
qu'à lire les liures de la Républi-
que de Platon, l'Vtopie de Thomas
Morus, l'Atlantide de Bacon , &
& l'Ifle inacceffible de Monfieur

de Gomberuille. Il trouuera dans
ces grands Auteurs les Mondes
qu'il me demande.

Quant *à l'Histoire des Grües &*
des Pygmées. Le Docteur Bertholin
Danois a écrit celle des Pygmées
que j'ay leüe. Et ie croy que l'on
trouueroit parmy ses manuscrits
l'Histoire des derniers troubles arriuez au Royaume des Troglo-
dites, qui est celuy des Pygmées,
sur l'ancienne querelle qu'ils ont
auec les Grues. Mais sans aller en
Danemarc, nostre Docteur Mar-
mouset nous peut representer cette
Histoire, & nous donner, s'il veut,
l'agreable diuertissemét d'vn combat tout pareil. Car de Marmouzet à Pygmée, il n'y a que la
main. Et il ne seroit rien de si plaisant que de commettre vne Grüe
auec ce petit Docteur. Mais il fau-
droit que cette grüe fut la Chimene
des grües, comme ce petit Docteur
est le Rodrigue des Pygmées. I'ay
vn panier le plus joly du monde, &
à l'épreuue d'vn bec de grüe le

plus dur & le plus pointu. Si le
cœur en dit à noſtre Marmouzet,
ie luy promets ce panier pour luy
ſeruir de bouclier contre ſon en-
nemye. Et ie luy répôds de ſes yeux,
pourueu qu'il ne perde pas le jugement , & qu'il ayt la parade bonne.

Ce Docteur ne ſe contente pas
de me reprocher la retractation que
j'ay faite de mes Preadamites. Il
dit en Turlupin; 2 *Que j'ay mon dit
& mon dedi.* Il ne ſe contente pas
que ie ſois Gaſcon, il veut outre
cela que ie ſois Normand.
C'eſt trop des deux, l'vn ou l'autre ſuffit.

La raillerie ne ſeroit pas mau-
uaiſe s'il auoit dit la verité. Mais il
n'eſt pas vray que ie me ſois dédit.
Car j'auois proteſté dans mes Preadamites, que ie ſoûmettrois mon
opinion au jugement & à la cen-
ſure des Theologiens Orthodoxes
de l'Egliſe Chreſtienne & Orthodoxe. Or l'Egliſe Orthodoxe à jugé
que mon opinion eſtoit heterodoxe.
C'eſt pourquoy ie l'ay retracteé ſuiuant ce que j'auois dit. Ce n'eſt pas

z. Page
34. n. 50.

fe dedire que de tenir fa parole, &
de faire precifement ce que l'on a
dit que l'on feroit.

Il eft vray que n'ayant pas mis
mon nom dans mes Preadamites,
& que ne voulant pas que l'on
connût de quelle Religion j'eftois,
ma foûmiffion eftoit equiuoque,
lors que ie l'écriuis; parce que ie
ne croyois pas en ce temps-là qu'il
y eût d'autre Eglife Orthodoxe que
la Caluinifte. Si bien que ie me ferois foufmis à la Cenfure des Docteurs Caluiniftes, que ie tenois &
que j'aurois en ce temps-là reconnus pour mes juges legitimes, s'ils
m'auoient fait voir par raifon, &
par l'Ecriture Sainte, fuiuant les
fondemens de leur Religion, que
mon opinion eftoit fauce. Mais
qu'ont-ils fait en écriuant contre
moy? Ils ont renoncé à leur raifon.
Ils ont renoncé à l'Ecriture-Sainte.
Et ils ont par confequent renoncé
à leur Religion, qui n'eft fondée
que fur leur raifon particuliere, &
fur l'Ecriture-Sainte expliquée par

la même raison. Car ils m'ont atta-
qué par la seule autorité de l'Eglise,
qui est celle des Peres, & des Conciles; contre leur croyance propre,
qui renonce en termes exprés &
formels à l'autorité de l'Eglise, à
celle des Peres, & à celle des Conciles, quand il s'agit de la raison,
& de l'Ecriture-Sainte.

Ie pouuois, Monsieur, m'épar-
gner six mois de prison si j'aurois
voulu me retracter dés le commencement que ie fus arresté à Bruxelles, & me retracter sans connoissance de cause. Rome ne deman-
doit autre chose de moy, moy
estant Caluiniste. Monsieur le President Viole, qui me fit l'honneur
de me venir voir pour cela dans
la Tour où j'estois, m'en solli-
cita bien fort. Et pour m'y obliger, il me representa des choses qui
me pouuoient donner de l'appre-
hension pour ma vie. Mais il me
sera témoing de la fermeté auec laquelle ie le suppliay de m'excuser si
ie ne luy accordois pas ce qu'il de-

firoit de moy, & dont toutes-fois
ie me fentois infiniment obligé à fa
bonté.

On m'auoit donné auis de plu-
fieurs endroits, que j'eftois abandonné de tous les Miniftres de Hollande, & de France. Que mon liure auoit efté brulé en Hollande,
& que les Miniftres de France pef-
toient hautement contre cét écrit,
pour le faire bruler à Paris. Mais
tout cela ne me touchoit point.
Et mon obftination ne fe rendit
que quand on m'eut apporté les
liures que vos Miniftres auoient
écrits contre moy, & que ie les eus
tous leus. Car fans parler de l'indigne traittement qu'ils me faifoiét
par les iniures qu'ils me difoient, &
par les calomnies qu'ils m'impo-
foient; ie vis pleinement dans leurs
écrits, leur iniuftice & leur lâcheté;
en ce qu'ils abandonnoient leur
caufe propre, & les articles de leur
Foy, pour me perdre s'ils euffent
peu: Et qu'ils fe renioient eux mefmes en me reniant.

I'auoüe, Monsieur, que ce fut a-
lors veritablement que maReligion
fut en interregne. Car ie ceſſay des
ce moment là d'eſtre Caluiniſte:
Et ie renonçay dans mon Ame à
Caluin, comme vos Miniſtres y
auoient renoncé dans leurs écrits.
N'eſtant plus Caluiniſte, ie deuins
Catholique. Et ie n'eus pas de peine
à prendre ce party. Ie ne vous parleray point de la ſuite de ma conuerſion qui ſe fit à Rome, parce
que ie l'ay écritte, & qu'elle eſt aſſez
connüe. Ie me contenteray de vous
dire encore ce mot ſur ce propos,
Que mes Preadamites, & ma conuerſion, ſeront l'infamie eternelle
de vos Miniſtres. Ils deuroient en
rougir de honte, & nen parler jamais, ny ſerieuſement, ny en jeu; car
le mot pour rire n'yeſt pas poureux.

Il eſt vray que j'ay retracté mes
Preadamites. I'auois dit que ie le
ferois, ſi l'Egliſe Orthodoxe ne les
approuuoit pas. Ie l'ay fait, & ne
m'en ſuis pas deſdit. Ie le ferois ſi
j'auois encore à le faire, Car ie l'ay

deu faire. Et ie n'ay rien fait que
par les propres raisons de vos Miniftres. Ils m'ont combatu par l'autorité, & jay fuiuy l'autorité. Ie
n'ay point efté conuaincu par
la force de la raifon. Ie n'ay efté
conuaincu que par la force de l'autorité. C'eft auffi pour cela que j'ay
renoncé à ma raifon, pour me foûmettre à l'autorité legitime, qui eft
celle de l'Eglife Catholique, Apoftolique & Romaine. Vous le verrez, Monfieur, plus eftendu dans
mon abjuration même que ie feray
jmprimer au pied de cette lettre,
en Latin & en François: Car tant
s'en faut que j'en aye honte, que
j'en fais gloire. La foûmiffion de
ma Foy tire fon plus grand merite
de la contradiction de ma raifon.
L'obeiffance vaut mieux que le Sacrifice, quelque raifon qu'ayt le Sacrifice. Tant que j'ay efté Preadamite, j'ay efté bon Caluinifte; car ie me
fuis attaché à ma raifon, & à l'Ecriture-Sainte expliquée par ma raifon.
Si j'eftois Caluinifte, ie ferois bon

Preadamite. Et quoy que ce Docteur fasse le fanfaron, ie soustiens
qu'il n'est pas Caluiniste, ou qu'il
est Preadamite. Maintenant que ie
suis Catolique, ie ne suis plus Preadamite. Et ie ne seray desormais
que ce qu'il plaira à l'Eglise Catolique que ie sois. C'est à dire, bon
Catolique

  Nostre Docteur fait le Triuelin,
quand il dit : a *Que l'Esperance & la
crainte m'ont fait changer de parti* .b
*Que ie sçay la force des arguments
tirez de l'interest, & de la fortune.*
 c *Que l'interest & l'inquisition ont
esté mes Docteurs & mes Maistres.*
Si ce Docteur sçauoit ce que tout
Bruxelles a sceu de ma prison, &
de mon audition; & de quelle maniere ie répondis au pretendu juge
Inquisiteur qui vint à la prison
pour m'ouïr; il ne parleroit pas
si affirmatiuement qu'il fait, de la
crainte qu'il dit que j'ay euë de l'Inquisition. Ayant l'honneur d'ê-
tre au GRAND PRINCE que ie serts,
ie n'ay iamais craint l'Inquisition,

ni à Madrit où elle eft, ni à Bruxelles où elle n'eft pas ; & où il y a
même jnquifition contre l'jnquifition, en cas qu'elle s'y voulut efta-
blir. En effect, ie ne deuois rien
craindre ayant vn fi puiffant & fi re-
douté Protecteur. Auffi n'en ay-ie
donné aucune marque dans tout le
cours de mon affaire, & de ma pri-
fon. Et fi l'on m'oblige à prouuer
cette verité par d'autres témoigna-
ges: Vous fçauez, Monfieur, vous
& tant d'autres Illuftres-Braues
qui eftiez en ce temps-là aux Païs-
bas, & qui me fites l'honneur de
me voir dans ma captiuité; Vous
fçauez difie, que ie n'ay iamais fait,
& que ie n'ay iamais dit, rien de
bas, ny rien de lâche, en l'eftat où
j'eftois. Et vous fçauez que j'ay
perfeueré dans cette vigueur, depuis le premier iour de ma deten-
tion, iufques à celuy de ma liberté.
C'eft pourquoy ce Docteur mal in-
ftruit rayera cét article de fa réponfe, comme ridicule & faux.

L'intereft qu'il me reproche, a

les mêmes qualitez de ridicule & defaux. Car lors que ie resolus ma conuersion, ie deuois craindre sur toutes choses que Monseigneur le Prince ne crût que l'interest me la fit faire. Et Monsieur Lenet à qui ie decouuris mon dessein, & qui la fait reüssir, me fera l'honneur de rendre ce témoignage à la verité, que dans les conferences que j'ay euës auec luy sur ce sujet, ie ne luy ay iamais fait aucune proposition d'Interest, ny luy à moy. Mais, Monsieur, qu'ay-ie besoin d'aller reprendre la chose de si haut, pour refuter vne si impertinente calomnie ! La fortune où ie suis, & dans laquelle on me voit depuis quatre ans que ie suis conuerti, la refute si euidemment, qu'il semble que ce Docteur ne m'ait reproché cette sottise, que pour se moquer de moy de ce que ie ne l'ay pas faite. Ceux de qui j'ay l'honneur d'estre connu, sçauent que l'interest n'est pas mon vice. Et mes plus confidents amys m'en ont bien fouuent blâmé. Il me fuffit que j'ay l'honneur d'eftre à vn tres grand Prince, & à vn tres bon Maiftre, qui m'honnore de fa bien-ueillance & de fon eftime. S. A. Sereniffime a cómencé à me faire du bien. Et ie croirois qu'elle acheuera, fi ie ne penfois qu'en l'aage où ie fuis, ie dois moy-même bien toft finir. Il eft vray que la fortune qui m'a efté contraire depuis fort long-temps, m'a bien fait déchoir de ce que j'ay efté, & de ce que j'ay peu raifonnablement pretendre. Mais peut-eftre que la vertu que j'ay toufiours recherchée durant ma vie, me traittera plus fauorablement apres ma mort. Peut eftre que la memoire de mon nom ne fera pas toute enfeuelie dans mon tombeau. Et peut eftre que la pofterité parlera quelque iour de moy auec honneur.

Audiam, & hæc manes veniet
mihi fama fub imos.

C'eft la confolation que ma Philofophie me donne dans les difgraces

de ma fortune. Ma Theologie va
plus auant, & me fournit des re-
fources pour l'immortalité, fans
comparaifon plus glorieufes, &
plus folides. Ce n'eft pas icy le lieu
de m'en expliquer. Reuenons à nôtre Docteur, & acheuons de l'examiner comme il faut.

Ie ne doute pas, Monfieur,
qu'à prendre les chofes dans leur
veritable fignification, vous ne
foyez de ce fentiment, que noftre
Docteur n'a eu autre deffein que
de fe mocquer du miferable eftat
dans lequel il croit que ie fuis,
en me reprochant à des reprifes
fi affectées, ce grand intereft qui
m'a fi bien mis dans mes affai-
res. Ie m'eftonne qu'il n'ait employé le quolibet qui eft fort en
vfage parmy eux: Que j'ay efté
fort mal-habile homme de n'a-
uoir pas pris du retour en chan-
geant de Religion. C'eft le genie
du Luteranifme & du Caluinifme,
de dire le contraire de ce que
l'on fçait, & de ce que l'on penfe.
Tous

Tous les Luteriens & tous les Caluiniſtes qui ont écrit contre moy,
ou qui ont parlé de moy, ont dit les
mêmes choſes que ce Docteur en a
dites. Et Iſaac Voſſius n'a pas ou-
blié cette chançon, en parlant de
moy dans ſon Traitté *de Ætate
Mundi.*

> *Quid cum illis agas, qui neque jus,*
> *neque bonum, atque æquum*
> *ſciunt?*

C'eſt à dire, que feroit-on à des
Pedans ? Ce ſont des Pedans. Il
les faut laiſſer dire, & ſe moquer
de ce qu'ils diſent.

Noſtre Docteur déconcerté, ne
pouuant répondre à mes raiſons,
& ne ſçachant à qui s'en prendre,
apres auoir déchargé les vapeurs de
ſa rate ſur mes Preadamites, s'en
prend maintenant aux Iuifs : Et
croit me faire vn grand déplaiſir &
vn grand affront, en m'appellant
tantoſt f *Iuif*, tantoſt g *demy Iuif:*
comme ſi d'eſtre demy-Iuif eſtoit
vne plus grande infamie que deſtre
Iuif. I'ay connu vn Docteur auſſi

f. Pag. 3.
num. 5.
g pag.
24 n 5.

D

habile homme &aussi sage que ce-
tuy-cy, qui croyoit que les *Semipe-*
lagiens estoient plus grands Heretiques que les *Pelagiens* ; parce que
le mot de Semipelagien estoit plus
grand que celuy de Pelagien. Le
deffunct Pere Veron prechant contre les Ministres de Charenton, les
appelloit *Semi-Luteriens* , parce
qu'ils auoient admis les Luteriens
à leur communion. Et disoit que
vos Ministres estoient descheus du
benefice de l'Edit de Nantes, qui
n'auoit esté fait que pour les Caluinistes, &non pas pour les Semilu-
teriens. Ie pourrois dire la mesme
chose d'eux sur le sujet de mes Preadamites. Car ayans renoncé à l'E-
criture-Sainte , expliquée suiuant
la raison particuliere, & s'estans
sousmis pour destruire mon opinion, à l'autorité des Peres & des
Conciles; ils ne sont plus Caluinistes, mais semi-Caluinistes. Et
ils sont en cela decheus de la moy-
tié de l'Edit de Nantes.

Reuenant à nôtre propos. Nô-

tre Docteur inconnu dit que ie suis
Iuif. Ie ne le suis pas de la maniere
qu'il l'entend: Mais ie fay gloire de
l'estre, comme S. Paul l'a entendu &
l'a écrit. Et ie ne me puis assez estonner que ce que j'ay dit des Iuifs,
apres Saint Paul, & dans le sens
de Saint Paul, ayt scandalisé vn
Ministre qui pretend ne parler
qu'Ecriture-Sainte, qui ne se vante
que de l'Ecriture-Sainte, & qui se
fait tout resplandissant de l'Escriture-Sainte.

Cettuy-cy rêve & ne sçait ce qu'il
dit, quand il veut penetrer dans
ma pensée, & faire voir que j'ay
flaté les Iuifs, pour tâcher de repa-
rer la perte que j'ay faite de leur
credit, en abiurant mes Preadamites. Il est vray que j'ay abjuré
mes Preadamites, que les Iuifs n'ap-
prouuent pas, non plus que les Catholiques: Mais il n'est parlé en façon quelconque des Iuifs dans mon
Abjuration, que vous lirez au pied
de cette lettre. Et l'Inquisition de
Rome n'en a fait aucune mention,

parce qu'elle a reconnu que ce que
j'ay dit des Iuifs n'a pas esté pour
toutes sortes de Iuifs, mais pour
ceux-là seulement qui sont enfans
d'Abraham, selon la Foy d'Abraham, & selon la promesse faite à
Abraham. Ce sont les mêmes que
Saint Paul a appellez *veritables*
Iuifs, & veritables Israëlites. Car
dit-il. *Non omnes qui ex Isr:el sunt,*
ij sunt Israelitæ; neque qui semen
sunt Abrahæ, omnes filij: sed in Isaac
vocabitur tibi semen. Id est, non
qui filij carnis, hi filij Dei; sed qui
filij sunt promissionis, æstimantur in
semine. Rom. 9. Ce que j'explique
ainsi. *Tous ceux qui sont de la se-*
mence charnele d'Israël, ne sont pas
Israelites. Et ceux qui sont de la
semence charnele d'Abraham, ne sont
pas tous Enfans de Dieu. Mais en
Isaac enfant de la promesse, & fi-
gure de Iesus-Christ, te sera appellée
semence. C'est à dire : Ceux qui sont
enfans charnels d'Abraham, ne sont
pas tous Enfans de Dieu. Mais ceux
qui sont enfans de la promesse faite

« à Abraham, & qui sont enfans de
« sa foy, ceux la sont reputez estre de la
« veritable semence d'Abraham. Ces
« veritables enfans d'Abraham & ces
« veritables Israëlites, sont veritables
« Enfans de Dieu. C'est de ces veri-
« tables enfans d'Abraham, & de
« ces veritables enfans de Dieu, que
« j'ay souhaité & que ie souhaite
« d'estre. Malheur à ceux qui ne
« sont pas tels, car ils ne sont pas
« Chrestiens. Et n'étans pas Chrê-
« tiens, ils n'auront aucune part à
« l'immortalité des Chrestiens.

Expedions ce petit Docteur. Ie
vous ay fait voir, Monsieur, qu'il
nous a comme abandonné Caluin,
lors qu'il a dit : Que quand même Caluin seroit coupable pour
le Schisme qu'il a fait, vous ne se-
riez pas coupables de vous obstiner
dans vn Schisme que vous auez
trouué fait. Et ie vous ay fait remarquer les pernicieuses conse-
quences qui se tirent d'vn si faux &
si dangereux raisonnement. Ce
mesme Docteur nous abandonne

auec la mefme lafcheté, ou pour
le dire plus charitablement, auec
le mefme remors de confcience, le
paffage de *Sortez de Babylone mon
peuple*, quand il dit. d *I'ofe mefme
vous dire que ce paffage n'a iamais
efté allegué par nos Reformateurs,
que comme il dit* (parlant de moy)
*que les Peres l'ont allegué. Ils s'en
font feruis comme l'on fe fert des allegories.* Ie vous l'auois bien dit,
Monfieur, que nous chafferions vos
Docteurs de ce pofte. Ce Docteur
l'abandonne, & nous le quitte. Il
dit que vos Reformateurs ne l'ont
pris que comme vne Allegorie, &
non pas comme vn Commandement. Ce qui eft tout à fait eloigné
de la verité. Ie vous en prends à
témoing, Monfieur, & tout ce qu'il
y a d'Auditeurs à Charenton. Car
& vous, & moy, & tout ce qu'il
y a de peuple à Charenton, auons
oüy precher plus de cent & cent
fois, que le *Sortez de Babylone mon
peuple!* eftoit vn commandement
formel & defcendu du Ciel, pour

d. Page
35. n. 57.

nous obliger fur peine de dānation
éternelle à fortir de la Babylone
fpirituelle, que vos Reformateurs
expliquoient de l'Eglife Romaine.
Et voicy la premiere fois que vous
auez oüy dire à vn de vos Miniftres,
que le *fortez de Babylone mon peuple!*
ne doit eftre pris que par allegorie.

Tous vos Liures de controuerfe
ne font pleins que de ce paffage,
pris pour vn commandement exprés, non pas fimplement pour vne
allegorie. Et Monfieur Morus que ie
vis il y a quelques temps chez
Monfieur le Marquis de Ruuigny,
chez qui il eftoit logé, me montra
ce paffage dans le Myftere d'iniqui-
té de Monfieur du Pleffis ; où il
eft pris comme vn cry du Ciel, non
feulement pour nous femondre par
allegorie : mais pour nous enioin-
dre par commandement de fortir
de la cōmunion de Rome. Or Monfieur, j'en crois bien plus Monfieur
Morus que ce Docteur. Monfieur
Morus eft tout vn autre homme
que luy. Monfieur Morus eft vn

D iiij

des plus ſçauãs, des plus eloquents,
& des plus renommez de vos Miniſtres. Et ce Docteur inconnu que
ie berne, eſt vn ridicule aupres.
de luy.

Mais Monſieur, voyons ie vous.
prie ou il s'eſt retranché apres nous.
auoir quitté le poſte du *Sortez de
Babylone mon peuple !* I! dit qu'il y
a d'autres paſſages qui autoriſent
voſtre ſeparatió d'auec Rome. Que
la parole de Dieu vous comman-
de *de fuir en arriere de l'Idolatrie.*
e Qu'elle vous cómande *de rejetter
l'homme Heretique.* Quelle vous
deffend *de croire ceux qui diſent:
Voicy le Chriſt eſt icy, Voicy il eſt
là ; il eſt dans les cabinets, & dans
les ciboires.* Eſt-il poſſible qu'vn
homme ſe ſoit perſuadé que ces
trois paſſages, qui ſont veritablement de l'Ecriture-Sainte, autoriſent le Schiſme ? Mais eſt il poſſible qu'vn tel homme ayt creu
qu'il le perſuadera à des hommes?

Premierement, ce Docteur fal-

e pag. 35.
num. 54.
f. jb. n. 55
g. jb.
num. 56.

ſifie notoirement le paſſage de S.
Matthieu, où il n'eſt parlé en maniere quelcōque de cabinets ny de
ciboires. Ce n'eſt pas que ie l'accuſe d'en eſtre le premier falſifica-
teur. Car ie ſçay que d'autres Miniſtres l'ont falſifié auant luy. Ie
l'accuſe d'auoir eſté l'expoſiteur
d'vne falſification conuaincüe. Secondement, pour vous faire toucher au doit ſon deffaut de raiſon
& de jugement, dans les allega-
tions de ces trois paſſages: Ie vous
ſupplie, Monſieur, de conſiderer:
Que Saint Paul à comparé l'E-
gliſe de Ieſus-Chriſt au corps humain, dans lequel il y a des membres honneſtes, & d'autres deſ-
honneſtes; tout ainſi que dans la
boutique d'vn Potier il y a des vaiſſeaux à honneur, & d'autres à deſ-
honneur. D'où il s'enſuit que l'E-
gliſe de Ieſus-Chriſt eſt compoſée
d'Eleus & de Reprouuez. Car par
les membres honneſtes, comme par
les vaiſſeaux à honneur, ſont entendus les Eleus; & par les mem-

D. v

bres des-honnestes, comme par les vaisseaux à deshonneur, sont entendus les Reprouuez. Or l'Eglise de Dieu estant composée d'Eleus & de reprouuez; il se peut faire que parmy les Eleus qui sont dans l'Eglise de Dieu, il s'y trouuera des reprouuez, des mêchans, des Idolatres, &c. tout ainsi *que les Demons se trouuent parmi les enfans de Dieu*, Iob. 1. Et il est certain que l'Apostre nous commande de fuir ces Reprouuez, & de les rejetter, en nous commandant de fuir arriere de l'Idolatrie, & de rejetter l'homme Heretique. Mais l'Apôtre ne nous cômande pas par ces paroles, de fuir arriere de l'Eglise où serôt ces reprouuez, & ces Idolatres, &c. Il nous deffend au contraire de nous separer de l'Eglise. Et il nous commande par consequent de nous joindre en ce cas là plus fortement auec les Eleus, qui sont la meilleure la plus saine partie l'Eglise, pour chasser les Reprouuez, pour chasser les Idolâtres, & pour chasser les He-

retiques, du corps & de la communion de l'Eglife. N. Seigneur nous
deffend de croire ceux qui diront,
Voicy le Chrift eft icy, voicy il eft là
&c. Mais Noftre Seigneur ne nous
permet pas par cette deffenfe, de
fortir de l'Eglife où feront ces faux
Prophetes, ou ces Fanatiques. Il
faut donc eftre tout a fait Vifion-
naire pour croire que ces trois alle-
gations autorifent le Schifme en
façon quelconque : Car elles ne
feruent non plus à refuter ce que
j'ay dit contre le Schifme, que fi le
Docteur qui les a citées, nous auoit
chanté trois Vaudeuille.

Voyez, Monfieur, à quoy vos
Docteurs font reduits. Ils n'ont ni
commandement de Dieu, ni exemple tiré de l'écriture-Sainte, qui
fauorife le Schifme qu'ils ont fait.
Il nous alleguent des chançons au
lieu de commandements. Pour les
exemples; ce Docteur en a voulu
toucher vn qu'il na ofé pouffer,
quand il a dit en paffant, & comme les chiens d'Egypte boiuent ;.

Pag. 17. *Que les Apostres ont eu ordre de por-*
num. 25. *ter la verité aux Gentils, que les Iuifs*
auoient reiettée. Car il sçait bié qu'on
luy auroit donné bien serré sur les
doits, s'il auoit voulu autoriser le
Schisme par l'extinction de la Syna-
gogue. Il est dóc, vray Mósieur, que
vos Reformateurs ont eu tort d'a-
uoir fait le Schisme, & de s'estre separez de l'Eglise Catholique, puis-
qu'ils n'ont esté fondez pour cela,
ni en commandement de Dieu, ni
en exemple de l'Ecriture-Sainte. Et
vous ayant fait voir par raison de-
monstratiue le tort qu'ils ont eu,
vous auriez par raison le mesme
tort, si vous faisiez difficulté de
reuenir dans la mesme Eglise de laquelle ils sont sortis, & de laquelle
ils sont si mal sortis.

Ne croyez pas, Monsieur, que
pour vous obliger à reuenir dans
l'Eglise Catholique, ie vous veuille
proposer vn autre chemin que celuy qui est marqué par Iesus-Christ,
& par ses Apostres. C'est ce même
chemin marqué que ie vous ay pro-

pofé dans ma precedente lettre,
& c'eft ce mefme chemin marqué
que ie vous propofe encore dans
celle-cy. Qui eft, que l'Eglife Catholique vous receura dans fon
fein à ces conditions. Que vous
ne ferez Catholique, que tout ainfi
que l'Ecriture-Sainte vous ordon-
nera de l'eftre : Que tout ainfi que
les Saints-Peres vous l'explique-
ront : Que tout ainfi que les Conciles l'autoriferont: Et tout ainfi
que les tradictions Apoftoliques.
vous l'enfeigneront. Et pour vous
ofter tout ombrage d'ambiguité &
d'équiuoque dans les propofitions
que ie vous fais. Ie vous declare
que l'Eglife Catholique ne voudra
pas que vous croyez abfoluement
tout ce qui eft écrit dans les liures
des Saints-Peres, parce qu'on y.
trouue en quelques endroits des
opinions qui ne font ni approuuées
ni receües. Elle confentira que vous
ne croyez des Saints-Peres, que ce
qu'ils ont écrit de conforme à l'Efcriture-Sainte, & au fentiment de

l'Eglise vniuerselle. L'Eglise Catholique ne voudra pas non plus que vous receuiez toutes sortes de Conciles: mais les Orthodoxes seulement ; & dont les Saints decrets sont côformes à l'Escriture-Sainte, & aux traditions Apostoliques. L'Eglise Catholique ne consentira pas enfin, que vous vous laissiez emporter à toutes sortes de Traditiós; mais que vous suiuiez celles-là seulement qui sont reconnües veritables & sans reproche.

Si vos Docteurs ne veulent pas écouter des propositions si iustes & si raisonnables, je ne sçay pas, Monsieur, ce qu'il leur faudra donner pour les contenter. Ils ressembleront à cét Enfant gasté, à qui pour l'appaiser on auoit donné tout ce qu'il auoit demandé, & tout ce que raisonnablement on luy auoit peu donner. Il ne laissa pourtant pas de crier, & ne sçachant que demander, il demanda la Lune. Si vos Docteurs en viennent là, nous les renuoyrons à Monsieur Vanlan-

gren, qui ne leur donnera pas toute
la Lune, mais qui leur en distribuera
des portions congrües.

Si ie me voulois appliquer à examiner en detail toute la réponse de
ce Docteur, il est certain, Monsieur,
qu'il n'y a pas vne periode dans laquelle ie ne trouuasse à redire, &
de quoy le censurer par tout où il
a creu faire le serieux, & où il a
pretendu faire le plaisant. Car il
fait par tout aussi mal le serieux que
le plaisant: Et son esprit dans l'vn,
& dans l'autre également, *sine pon-
dere ludit.* I'ay creu que la chose
n'en valoit pas la peine, & qu'vn
entretien de si peu de consequence
estoit indigne de vous & de moy.
Ie ne me suis attaché qu'à ce qui est
d'essentiel pour la deffense de la
lettre que ie vous ay escritte, &
pour ma deffense propre. Pour laquelle ie feray quelque iour vne
Apologie à part, contre les calomnies ordinaires de vos Docteurs,
qui se persuadent, pour le persuader aux autres, que celuy qui a esté

autres-fois Caluinifte ne fçauroit
deuenir bon Catholique. Et qui
m'impofent de plus, qu'ayant efté
l'Auteur des Preadamites, ie n'ay iamais efté bon Caluinifte, & que ie
fuis encore moins bon Catholique.
Ils outragent indignement la verité en l'vn & en l'autre. Car en cela
mefme que j'ay efté l'Auteur des
Preadamites, j'ay fait voir que ie
n'ay efté que trop bon Caluinifte ;
ne m'eftant que trop attaché à ma
raifon, & a l'Efprit particulier de
Caluin. Et en ce que j'ay renoncé
à ma raifon, à l'Efprit particulier, à
Caluin, & aux preadamites, pour me
foûmettre à l'autorité de l'Eglife
Catholique ; j'ay fait voir qu'on ne
fçauroit eftre Catholique à plus
iufte titre, ni auec plus de refigna-
tion que ie le fuis par la grace de
Dieu. I'efpere de refuter encore
mieux des impoftures fi iniuftes,
par ma conduite & par mes actions.
Les bonnes œuures font les veritables & les folides marques des bons
Catholiques & des bons Chré-

tiens. C'eſt à quoy Ieſus-Chriſt
meſme a declaré que nous deuons
connoître ceux qui ſont tels, quand
il a dit , *Ex fructibus eorum cognoſ-
cetis eos :* Vous les connoîtrez à leurs
œuures. Et c'eſt par-là principalement que ie pretends faire voir
que ie ſuis bon Catholique, quoy
que mes Calomniateurs puiſſent
dire.

Noſtre Docteur adioute à la fin
de ſa reſponſe , e *Que ſi ie m'auiſe*   e Pag. 36.
de traiter le ſecond poinct de mon   num. 58.
Epitre, comme ie vous l'ay fait eſperer,
il pourra en dire ſon ſentiment com-
me du premier. Nous verrons s'il
ſera homme de parole comme
ie le ſuis. Car ie traitte ce ſecond point dans la lettre que
ie vous ay eſcitte , & que ie
fais jmprimer en ſuite de celle-cy. S'il s'engage à vne ſeconde reſponſe, ie luy conſeille en amy de ſupprimer toûjours
ſon nom, & de ſe rendre toû-
iours inconnu, s'il ne la fait meilleure que la premiere. Pour moy,

...ie tiendray touſiours à grand
honneur de publier que ie ſuis,

MONSIEVR

Voſtre tres-humble & tres
obeiſſant Seruiteur.
LA PEYRERE

EXTRACTVM EX ACTIS
Sancti Officij.

FIDEM facio per præfentes, Ego Notarius publicus infrafcriptus, qualiter in actis Sancti Officij reperitur abjuratio tenor.s fequentis; videlicet.

Conftitutus coràm Eminentiffimis & Reuerendiffimis. D. D. S. R. E. Cardinalibus, Inquifitoribus generalibus, BARBERINO, ET ALBIZIO. Ego ISAACVS PEYRERIVS, miffus à SERENISSIMO PRINCIPE CONDEO Domino meo, ad pedes Sanctiffimi Patris Noftri, Pontificis Optimi Maximi, PAPAE ALEXANDRI VII. vt redderem rationem Sanctitati fuæ, libri editi cui titulus eft, Præadamitæ, fiue Exercitatio fuper verfibus duodecimo, decimotertio, & decimoquarto, capit. 5. epiftolæ ad Romanos., quibus inducuntur primi homines ante Adamum conditi. Cuique Exercitationi annexa est , Prima pars Systematis Theologici ex Præadamitarum hypothesi. Fateor me librum illum composuisse, & edidisse, quo tempore Caluinista eram : vtpote qui natus sim Caluinista, & in secta Caluini consenuerim. Fateorque me Præadamitarum hypothesim conflauisse ex vulgato errore illo super quo totam Caluini sectam ædificatam esse notum est : Non standum Sanctorum Patrum judicio, neque authenticis Orthodoxorum Conciliorum , Pontificum, & Ecclesiæ Doctorum decretis ; si cui visum erit Patres & Concilia scripsisse quid & decreuisse , extrà rationis suæ regulam,& extrà verum (quem sibi imaginantur) sacrarum literarum intellectum. Quamuis enim Caluinus ipse Præadamitarum hypothesim nunquam admiserit : Attamen , quâ ratione non steterat Patribus & Conciliis in stabiliendâ

› fectâ suâ ; Ita neque ftandum Cal-
uino ipfi duxeram in ftabiliendâ
meâ hypothefi : Quia mihi videba-
tur maxime conueniens rectæ ra-
tioni, & genuino (qualem mihi ef-
finxeram) facrarum litterarum in-
tellectui. Tædet vero me & pœ-
nitet tamdiu vixiffe fub legibus fe-
ctæ quæ fine lege eft ; quæ talem
fcilicet admittat licentiam, arbitra-
riam, independentem, & anarchi-
cam. Quæque (quod mali caput
eft) feceffionem fecit ab Ecclefiâ
Catholicâ, & eruptione crudeli, vi-
perino ritu, Matris fuæ vifcera di-
rupit.

Ejuro itaque in primis, & ante
omnia deteftor fectam ipfam Caluini, tanquam fchifmaticam & hæ-
reticam, & caufam primariam errorum quibus totum librum meum
contexui. Meque omnino do &
dedo fanctæ Catholicæ Apoftoli-
cæ Romanæ Ecclefiæ, fecundum
omnes formulas quibus fe Matri
illi fuæ fanctiffimæ dedunt, qui dici volunt & dici merentur filij Ec-

clesiæ, & Filij Dei: Captiuans secundum præceptum & mandatum Apostoli, intellectum meum subobsequium fidei. Quod idem est atque obsequium quod præstari debet Ecclesiæ Christianæ vniuersali; Qualis est sancta Ecclesia Catholica Apostolica Romana. Præter quam nulla alia dari potest æque vniuersalis. Quæ à Christo per Apostolorum doctrinam fundata, traditam sibi inde à principio vnà cum ipsa Scripturâ sacrâ, veram quoq; Scripturæ menté, per sanctos Patres, & Ecclesiæ Pastores, & per authentica Orthodoxorum Conciliorum decreta declaratam, fideliter retinet. Vnde solam ipsam veritatis Magistram agnosco.

Eiuratâ proinde causâ ipsâ errorum meorum primariâ: Eiuro deinceps errores ipsos omnes quibus toto illo libro meo explicui versus D. Pauli capit. 5. epistolæ ad Romanos, pluresque alios eiusdem Apostoli, aliter & diuerse atque illos intellexerunt sancti Patres,

& facrofanctæ Conciliorum defi-
nitiones.

Ejuro diftinctionem quam pofui
formalem, inter peccata naturalia
& peccata legalia : necnon inter
mortem naturalem & legalem.
Secundùm quam diftinctionem volui homines fuiffe creatos natura-
liter mortales à parte naturæ, &
materiæ fuæ mortalis. Et ex vno
peccato originali conflaui duo di-
uerfa peccata, vnum ab origine
naturæ, alterum ab origine legis.
Quod expungo. Adeóq; deteftor &
eiuro quæcumq; digeffi de peccato
originali contra receptam Ecclefiæ
Catholicæ doctrinam; vtpote dam-
nata pridem in Pelagio, eiufque
affeclis, auctoritate fedis Apofto-
licæ, fcriptifque antiquorum Patrum : præfertim fancti Auguftini,
tum etiam Mileuitani, aliorumque
Orthodoxorum Conciliorum de-
decretis : Quæ & ipfe toto animo
reiicio & damno.

Ejuro diftinctionem quam pofui
inter creationem primorum homi-

num à principio rerum incognitæ
enarratam cap.1.Geneseos, à quibus scilicet primis hominibus Gen-
tiles omnes progenitos volui: Et
inter formationem Adami à tempore cognito, descriptam cap. 2.
Geneseos, à quo videlicet Ada-
mo Iudæos solos oriundos statui.
Eiuro,inquam,distinctionem illam,
quandoquidem sancti Patres, &
Concilia, indistinctam tradiderunt
creationem hominis quæ enarratur
cap.1. Geneseos, & formationem
Adami quæ describitur cap. 2.
Vnamque & eandem fuisse vnani-
mi semper consensu decreuerunt.
Quibus & ego consentio. Eiuro
itaque explicationem quam mihi
finxi trium priorum capitum Geneseos, longè diuersam ab illa
quam Patres & Concilia tradide-
runt.Quorum auctoritati me dedo.
Ejuro quicquid de libris Mosaï-
cis non autographis scripsi, aliter
quàm senserunt Patres & Concilia:
subiiciens super illis rationé meam
& sensus meos omnes redigens
subjugum

subjugum Ecclefiæ, potentiffimum
iuxtà & fuauiffimum. Totamque
fcripturam facram diuinitus infpi-
.atam, & Ecclefiæ traditam agno-
tco, neque illam priuatæ interpre-
tationis effe; fed veram illius men-
tem ab Ecclefiâ Catholicâ peten-
dam. Cui me fubmitto.

Ejuro explicationes quas attuli
de tenebris factis in morte Domini.
De ftellâ quæ Magis apparuit in na-
tiuitate Domini. De fole qui retro-
ceffit in morbo Ezechiæ. De fole
que ftetit, iubente Iofue. De vefti-
mentis non attritis per quadragin-
ta annos quibus Iudæi errauerunt
in deferto. Nec non quæ fcripfi de
Diluuio Noacico, quod pofui pe-
culiare Terræ Sanctæ, non Vniuer-
fale, & per omnes terrarum plagas
effufum. Quandoquidem illa ab-
horrent à receptis explicationibus,
quas de illis tradiderunt fancti Patres, & Doctores Catholici. Quorum auctoritati totâ cum fubmif-
fione rationes & explicationes
meas omnes depono.

E

Ejuro quæcunque scripsi de æternitate, vel absolutâ, respectu Dei; vel relatiuâ, respectu nostri. Et quæ super illis construere prætendi de æternitate Mundi ; ex opinione Gentilium Philosophorum , & ex scriptis antiquissimorum historicorum ; nec non ex locis Scripturæ Sacræ, ex quibus opinionem de hac re meam adstruere posse mihi visus sum. Pernegoque illa omnia, quandoquidem illa dissentiunt ab Ecclesiâ Catholicâ. Affigorque & hæreo illis omnibus quæ super his sanctissime & religiosissime tenuerunt sancti Patres, & decreuerunt orthodoxi Conciliorum canones.

Quia vero longum esset & tædiosum enumerare sigillatim errones meos alios omnes, quibus suprascriptos stabilire conatus sum. Ejuro vniuersaliter quicquid repertum fuerit in prædicto libro illo meo, repugnans, vel non concordans cum capitibus fidei Christianæ, quæ nobis credenda proposuit sancta Ecclesia Catholica Aposto-

lica Romana; præfertim in facro-
fanctâ Synodo Tridentina. Quam
fcilicet Synodum Tridentinam ex-
preſſim & toto pectore accipio &
profiteor. Cuiuſque præceptis totum me dico & addico.

Ejuro etiam & deteſtor quam-
cunque aliam hæreſim contrariam
fanctæ Romanæ & Apoſtolicæ Eccleſiæ. Captiuans vt fupra intellectum meum, explodens rationem
meam, & memetipſum abnegans,
ad obſequium Eccleſiæ Catholicæ.
Et ſi quid vnquam (quod abſit)
huic profeſſioni meæ contrarium
fenſero, vel affirmauero, eiuſdem
fanctæ Eccleſiæ cenſuræ, pœnis que
canonicis me ſubmitto. Ita quod
tota mente credo, ore profiteor,
meaque manu fcripſi & fubfcripſi,
bonâ fide me feruaturum promit-
to. Sic me Deus adiuuet, & fancta
Dei Euangelia. Romæ die 11. men-
ſis Martij, anni 1657.

Ego idem qui fupra Iſaacus Pey-
rerius, fcripſi & fubfcripſi, & reci-
taui, coram fupradictis Eminentiſ-

fimis & Reuerendiffimis Cardinalibus, hanc Scripturam.

Actum Romæ in Manfione Ca-
pitulari Bafilicæ fancti Petri, præ-
fentibus admodum R.D.Vincentio
Galaffo Sacriftano eiufdem Bafilicæ,
& Francifco Ricardo à Cafacaftalda, Nucerinæ Diœcefis, teftibus, &c.
Et aliàs prout in actis fancti Officij,
ad quæ, &c. In quorum fidem, &c.

Datum Romæ ex Palatio fancti
Officij, hac die 13. Octobris 1659.
fubfcriptum. Ioannes Lupus, fanctæ
Romanæ & Vniuerfalis Inquifi-
tionis Notarius. Et obfignatum fi-
gillo dicti fancti Officij.

EXTRAICT DES ACTES
du sainct Office.

JE souffigné Notaire public, certifie par ces presentes qu'il se trouue dans les Actes du sainct Office, vne abjuration en ces termes. C'est à sçauoir.

Estably pardeuant les Eminentissimes & Reuerendissimes Seigneurs, les Cardiuaux de la saincte E. R. Barberin, & Albizi, Inquisiteurs generaux. Ie Isaac La Peyrere, enuoyé par le Serenissime Prince de Condé Monseigneur, & mon Maître; pour me jetter aux pieds de Nostre sainct Pere le Pape Alexandre VII. Et pour rendre raison à sa Saincteté d'vn Liure Imprimé qui a pour titre, *Les Preadamites. Ou bien, Exercitation sur les Versets* 12. 13. *&* 14. *du chapitre* 5.

de l'Epître aux Romains ; par lesquels on peut induire qu'il y a eu des premiers hommes créez auant Adam. A laquelle Exercitation est jointe, *La premiere partie du Systeme Theologic, fondé sur l'hypothese des Preadamites.* Ie confesse que j'ay composé & fait jmprimer ce Liure, lors que j'estois Caluiniste ; comme estant nay, & ayant vieilly dans la secte de Caluin. Et je confesse que j'ay formé l'hypothese des Preadamites sur l'ancienne erreur, sur laquelle tout le monde sçait que la secte de Caluin est fondée. C'est à sçauoir: Qu'on ne se doit point arrester au jugement des Saincts Peres, ny aux Decrets authentiques des Conciles Orthodoxes , des Pontifes, & des Docteurs de l'Eglise; S'il semble que les Peres & les Conciles ayent escrit & determiné quelque chose hors de la regle de la raison, & hors de la veritable intelligence (telle qu'il est permis de s'imaginer) des sainctes Escritures. Car encore que Caluin n'ayt pas receu l'hypothese des Preadamites: Neantmoins, par la raison qu'il n'a eu aucun égard aux Peres ni aux Conciles, lors qu'il a establ`y sa secte; I'ay creu que ie ne deuois non plus auoir aucun égard à Caluin, quand i'ay pretendu establir mon hypothese. Parce qu'elle me sembloit tres-conuenable à la droicte raison, & à l'intelligence naïfue (telle que ie me la figurois) des sainctes Escritures. Il me déplait, & ie me repents d'auoir si long-temps vescu sous les loix d'vne secte qui est elle-mesme sans loy; qui permet vne telle licence, arbitraire, independante, & anarchique. Et ce qui est de pis, qui s'est separée de l'Eglise Catholique ; Et comme font les viperes, qui a déchiré les entrailles de sa mere en sortant de son sein.

I'abiure donc premierement, & ie deteste auant toutes choses, la secte de Caluin, comme schismatique & heretique, & comme la cau-

E iiij

se premiere des erreurs dont tout
mon Liure est composé. Me donnant absolument, & me deuoüant
à la saincte Eglise Catholique Apostolique Romaine, suiuant toutes
les formes dont se deuoüent à cet-
re tres-saincte Mere, ceux qui veulent estre reconnus, & qui meri-
tent d'estre dits enfans de l'Eglise, & enfans de Dieu. Ie captiue
mon entendement sous l'obeïssan-
ce de la foy, suiuant le precepte &
le commandement de sainct Paul.
Qui est mesme chose que l'obeïs-
sance qu'on doit rendre à l'Eglise
Chrestienne & Vniuerselle, telle
qu'est la saincte Eglise Catholique
Apostolique Romaine : hors de laquelle il n'en est point qu'on puisse
dire si Vniuerselle, & si Catholique. Qui estant fondée sur IESVS-
CHRIST, par la Doctrine des Apôtres, retient fidellement la veritable intelligence de l'Escriture saincte, qui luy a esté donnée dés le
commencement, auec la mesme Escriture saincte. Et tout ainsi que

cette intelligéce a esté declarée par
les saincts Peres, par les Pasteurs de
l'Eglise, & par les decrets auten-
tiques des Conciles orthodoxes.
C'est pourquoy ie reconnois cette
mesme & seule Eglise pour la Maî-
tresse de la foy.

Apres auoir abjuré la cause premiere de mes erreurs; l'abiure en
suite les erreurs mesmes, suiuant
lesquelles i'ay expliqué dans tout
mon Liure, les versets de S. Paul
du chapitre 5. aux Romains, & plu-
sieurs autres endroits de ce mesme
Apostre, differemment, & tout
autrement que les Saincts Peres &
& les sacrées definitions des Conciles ne les ont entendus.

l'abiure la distinction formele
que i'ay posée entre le peché naturel, & le peché legal : comme
aussi entre la mort naturele & la
mort legale. Suiuant laquelle distinction i'ay entendu que les
hommes ont esté creez naturellement mortels, du costé de la nature & de leur matiere mortelle : Et

me suis formé deux diuers pechez
d'vn seul peché originel; l'vn qui
tire son origine de la nature, l'autre qui prend son origine de la
loy. Ce que ie retracte. Abjurant
tout ce que i'ay écrit du peché
originel contre la doctrine receuë
de l'Eglise Catholique. Comme
ayant esté deslong-temps condamné en Pelagius, & en ceux qui l'ont
suiuy, par l'autorité du Siege Apostolique, & par les Escrits des Anciens Peres, principalement de
S. Augustin; & par les decrets du
Concile Mileuitain, & d'autres
Conciles orthodoxes.

I'abjure la distinction que i'ay
posée, entre la creation des
premiers hommes, d'vn principe
des choses inconnu, descritte au
chap. 1. de la Genese; desquels
premiers hommes i'ay entendu que
tous les Gentils ont esté engendrez:
Et entre la formation d'Adam, faite
d'vn principe determiné & connu
& décritte au chap. 2. de la Genese;
duquel Adam i'ay entendu que

les seuls Iuifs sont sortis. I'abjure
dis-je cette distinction, parce que
les Peres & les Conciles ont toûjours esté d'auis, & ont tenu d'vn
commun consentement, que la
creation de l'homme qui est rap-
portée au chap.1. de la Genese, n'a
pas esté separée & distincte de la
formation d'Adam, & que ce n'a
esté qu'vne seule & vne mesme
creation. C'est pourquoy ie renonce à l'explication que ie me suis
imaginée des trois premiers chapi-
tres de la Genese, beaucoup differente de celle que les Peres & les
Conciles nous ont donnée, sous
l'autorité desquels ie me range.

I'abjure tout ce que j'ay écrit des
Liures de Moyse, comme n'estans
pas originaux, contre le sentiment
des Peres & des Conciles. Soûmettant sur cela ma raison, & mes
sens mesme, sous le joug de l'Eglise, qui n'est pas moins doux que
puissant. Ie reconnois que toute
l'Escriture saincte ayant esté diuinement inspirée, a esté donnée à

l'Eglise pour nous l'expliquer. Qu'il n'appartient pas aux particuliers de l'interpreter : Et que nous deuons consulter l'Eglise Catholique pour en auoir la veritable intelligence. A laquelle ie me soûmets.

I'abjure les explications que i'ay apportées touchât les tenebres faites à la mort de N. Seigneur. Touchant l'étoille qui parut aux Mâges à la naissance de Iesvs-Christ. Touchant le Soleil qui retrograda à la maladie d'Ezechias. Touchant le Soleil qui s'arresta au commandement de Iosué. Et touchant les vêtemens des Iuifs qui ne s'vserent point durant quarante ans qu'ils errerent dans le desert. Comme aussi tout ce que i'ay écrit du deluge de Noé, que i'ay posé n'auoir esté que particulier de la Terre saincte, & non pas vniuersellement répandu par toute la terre. Parce que toutes ces choses repugnent aux explications receuës que les Peres & les Docteurs de l'Eglise en ont données ; sous l'autorité des-

quels ie me range, y soûmettant
mes raisons & mes explications.

I'abjure tout ce que i'ay écrit de
l'eternité, soit absoluë à l'égard
de Dieu, soit relatiue à nostre égard.
Et tout ce que i'ay pretendu bâtir
là dessus touchant l'éternité du
monde, suiuant l'opinion des Phi-
losophes Gentils, suiuant les écrits
des plus Anciens Historiographes,
& suiuant mesme des passages de
l'Escriture saincte ; sur lesquels il
m'a semblé que ie pourrois appuyer mon sentiment touchant cette éternité. Et ie renonce à toutes
ces choses, parce que l'Eglise Catholique y est directement contraire. Me tenant attaché & collé
à tout ce que les Saincts Peres en
ont creu tres sainctement & tres-
religieusement, & à tout ce que
les Canons des Conciles orthodoxes en ont pareillement determiné.

Et parce qu'il seroit long & en-
nuyeux de faire vn denombrement
particulier de toutes mes autres er-

reurs, auec lefquelles i'ay tâché
d'appuyer celles que i'ay déduites
cy deffus. I'abjure vniuerfellement
tout ce qui fera dans monditLiure,
ou repugnant, ou ne s'accordant
pas auec les articles de la foy Chrêtienne, que la fainĉte Eglife Catho-
tholique Apoftolique Romaine
nous oblige de croire. Principalement dans le tres-fainĉt Concile
de Trente. Lequel Concile de
Trente par expres ie reçoy de tout
mon cœur, & fay profeffion de
l'obferuer. Me donnant & me deuoüant abfolument à fes fainĉtes
conftitutions.

I'abjure & detefte toute autre herefie contraire à la Sainte Eglife
Apoftolique Romaine; captiuant
comme cy deffus mon entendement, renonçant à ma raifon, & renonçant à moy mefme, pour me
ranger fous l'obeiffance de l'Eglife
Catholique. Et fi j'affirme jamais
(ce que Dieu ne veüille) ou fi j'ay
quelque fentiment contraire à la
prefente profeffion que ie fay; ie

me foumets à la cenfure, & aux peines Canoniques de la même Eglife. Promettant d'obferuer de bonne foy ce que ie croy de tout mon cœur, ce que ie profeffe de bouche, & ce que j'ay écrit & figné de ma main. Ainfi Dieu me foit en aide, & les Saints Euangiles de Dieu. A Rome le XI. iour du mois de Mars, de l'année 1657.

Ie le même que deffus Ifaac La Peyrere, ay efcrit figné & prononcé la prefente abiuration en prefence des fufdits Eminentiffimes & Reuerendiffimes Cardinaux.

Fait à Rome dans la Chambre Capitulaire de l'Eglife S. Piere, prefents les R. R. Meffieurs Vincents Galaffo, Sacriftain de la même Eglife, & François Riccard de Cafacaftalda, &c. témoin, &c. Et autrement, comme il eft contenu dans les Actes du fainct Office. Aufquels, &c. En foy de quoy, &c.

Expedié à Rome au Palais du sainct Office, ce 13. iour d'Octobre 1659. Signé I E A N L O V P, Notaire de la Sainte Inquisition Romaine & Vniuerselle. Et seellé du seau dudit saint Office.

SECONDE
LETTRE

A MONSIEVR LE COMTE DE LA SVZE,
Pour l'obliger par raison à se
faire Catholique.

MONSIEVR

Vous auez receu ma premiere
lettre auec tant de bonté, que ie
me sents obligé à vous escrire la
seconde; & à vous demonster que
vostre Reformation a esté mal en-
renduë & mal faite : A quoy ie me
suis engagé, par ma parole, & par
mon écrit.

l'appelle mal entendu ce qui est
tel dans le dessein. l'appelle mal
fait, ce qui est tel dans l'execution.

Vne affaire est ditte mal entenduë, lors qu'elle a esté mal conceuë, & que dãs le project même qu'on en a fait elle a deu apparemment mal reüssir. Vne affaire est ditte mal faite, quãd elle a esté mal executée. On dit qu'vn edifice est mal entendu lors qu'il est mal assis, ou mal placé. On dit qu'il est mal fait, lors qu'il est mal ordonné & mal basty. Et quoy qu'vn edifice mal ordõné puisse estre rangé sous le mal entendu, ie le mets neantmoins icy sous le mal executé, pour la comparaison que j'en veux faire. Or Monsieur, j'espere de vous faire voir bien clairement, que dans tous ces sens, vostre Reformation a esté mal entenduë & mal faite.

Elle a esté premierement mal entenduë & mal cõceuë, en ce qu'apparamment elle deuoit mal reüssir, comme elle a fait : Et que toutes les régles de la coniecture eussent esté fauces, si elle eût eu vn moins malheureux succez qu'elle n'a eu.

Ce qui a paru euidemment; en ce
que voſtre Reformation , bien
loing d'apporter de l'ordre dans le
deſordre de l'Egliſe qu'elle pretendoit reformer ; elle y a apporté de
l'embarras', & y a cauſé vne con-
fuſion ſi horrible, en rompant &
ſeparant ce que Dieu auoit con-
joint par vn nœud ſi ſaint & ſi
Chreſtien qu'eſt celuy de la Charité, que la Chreſtienté n'eſt plus
ce qu'elle eſtoit ; Et ſe cherchant
elle meſme en beaucoup d'endroits où elle floriſſoit , elle
ne trouue que des corbeaux qui
la deſchirent au lieu d'enfants qui
la conſolent.

La liberté que Luter & Caluin ſe
ſont donnée en ſortant de l'Egliſe
Catholique, a introduit vne licéce
ſi effrenée dans toute la Chreſtienté, que le Chriſtianiſme en eſt mé-
connoiſſable, par les Schiſmes qui le
desfigurét. Et beaucoup d'Infideles
ſe feroient Chreſtiens, s'ils ſçauoient
quel parti prendre parmy les Chrétiens. Ie veus dire, s'ils ſçauoient

choisir & distinguer les veritables
Chrestiés d'auec ceux qui ne le sont
pas. Si bien que si Dieu reprochoit
auec raison aux Iuifs du temps des
Prophetes, qu'ils estoient cause
que son nom estoit blasphemé parmy les Gentils; Iesus Christ peut
reprocher aux Chrestiens Schismatiques de ce temps, qu'ils sont cause
que son nom est blasphemé parmy
les Iuifs, & parmy les Infidelles.

Cette licence est venuë de l'A-
narchie Ecclesiastique ou deuoient
necessairement tomber vos pretendus Reformateurs, & qu'ils deuoient preuoir lors qu'ils entrepri-
rent leur Reformation. Cette A-
narchie a causé les diuersitez d'o-
pinions qui sont parmy les Caluinistes de France, touchant la grace,
& touchant le peché originel. Ceux
d'Alemagne, ne sont pas d'accord
entre eux sur les mesmes points,
non plus que sur d'autres aussi im-
portans. Les Hollandois sont tous
diuisez de sentimens. Le Schisme
est si familier parmy eux, qu'il

s'en fait tous les iours de nouueaux.
Et cela mesme a produit vn desor-
dre si grand en Angleterre, que le
nombre des sectes y est innombra-
ble.

Adioutez à cela que les factions qui se sont attachées aux sectes Chrestiennes ont causé des
emotions si estrãges dans les Estats,
& dans les Escholes où elles se
font insinuées; qu'on n'a veu que
de la violence dans les Estats où
elles ont preualu, & que de la co-
huë dans les Escholes qu'elles ont
corrompuës; ou tout le monde
crie, & personne n'escoute; ou
tout le monde dispute, & qui
que ce soit n'entend ou ne veut
pas entendre ce de quoy on dispute.

Ces factions ennemies mortelles
de la charité, ont presque esteint ce
qu'il y auoit de plus sainct parmy les
Chrestiens. Et comme elles estoient
sans charité, elles estoient incapa-
bles de produire vne Reformation
veritablement Chrestienne. Car si

tout ce qu'il y a de sainct, de sça-
uant, & de sensé, dans la Chrestienté, se trouueroit bien en peine de
se former l'Idée d'vne reformation
parfaite parmy les hommes ; Que
pouuoit-on esperer de la Reformation de Caluin, dans le trouble qui
agitoit son Esprit, qu'vne chose
tout à fait mal entenduë, & dont
les suites produiroient de tres-mal-
heureux effets ? Ne deuoit-il pas
croire que ses Sectateurs pren-
droient la mesme licence qu'il s'é-
toit donnée, & qu'ils perdroient
le mesme respect pour luy, qu'il
auoit perdu pour l'Eglise Catholique ? C'est ainsi que les soldats de
Cesar en vserent contre Cesar mesme, lors qu'il se reuolta contre sa
Republique. Ils ne le considere-
rent plus comme leur General, mais
comme leur camarade. Ils luy dirent: *Le mesme crime, ô Cesar, qui*
nous rend tous coupables, nous rend
tous égaux. Et Caluin par la
faction qu'il auoit dans le Senat
de Geneue, eut beau faire brûler

Seruet comme heretique, pour n'a-
uoir pas voulu adherer à sa secte:
Cela n'a pas empesché qu'vn nombre infiny de sectes n'ayt pullulé,
& ne se soit eleue de la secte de
Caluin; & cela n'a pas empesché
qu'vn exemple si pernicieux que le
sien, n'ait troublé tout l'Israël de Iesvs-Christ, au lieu de le reformer.

Ie ne vous dissimuleray pas, Monsieur, que l'exemple de Caluin
m'ayant fait venir la pensée des
Preadamites, m'inspira celle de
l'escrire, & me donna la hardiesse de la mettre au iour. Car
comme i'estois persuadé par la doctrine de Caluin, qu'il m'estoit
permis de tout penser, de tout écrire, & de tout publier, pourueu
qu'il fust conforme à l'Escriture
saincte, expliquée de la façon que
mon esprit me dictoit qu'elle deuoit estre entenduë, suiuant les paroles de Caluin: Ie ne consideray
point si mon écrit choqueroit les
Peres, s'il choqueroit les Conciles,
s'il choqueroit la croyance vni-

uerſelle de l'Egliſe, ni s'il choqueroit l'opinion meſme de Caluin.
Ie me fonday ſur le cinquiéme article de la Confeſſion de foy de
mon Reformateur, qui dit formelement ces mots. *Que ni l'antiqui-*
té, ni les coûtumes, ni la multitude,
ni la ſageſſe humaine, ni les juge-
mens, ni les Arreſts, ni les Edits, ni
les Decrets, ni les Conciles, ni les Vi-
ſions, ni les Miracles, ne doiuent eſtre
oppoſez à l'Eſcriture ſainéte. Ains
au contraire, toutes choſes doiuent
eſtre examinées, reglées, & reformées
ſelon icelle. Si bien qu'eſtant pleinement perſuadé, comme ie l'eſtois,
que mes Preadamites eſtoient examinez & reglez ſuiuant l'Eſcriture
ſainéte, expliquée à la mode de
Caluin, ie me ſouciay fort peu de
toute autre autorité. Et ie croy que
mes yeux n'auroient jamais eſté
ouuerts pour reconnoître celle de
l'Egliſe Catholique, ſi vos Miniſtres
n'auoient eſté aueuglez à ce poinét,
que de m'attaquer par cette meſme
autorité; contre les principes de
leur

leur croyance, & contre les articles exprés de leur Confeſſion de
foy. Car pas vn d'eux n'a pris a tâ-
che de me conuaincre par l'Eſcriture ſaincte, ni par les raiſons de
l'Eſcriture ſaincte, expliquée ſelon
l'Eſprit particulier. Ils m'ont tous
inſulté par les Peres, par les Conciles, par le conſentement vnanime
de l'Egliſe Vniuerſelle, & par l'autorité de leurs propres Docteurs.
Ils ont tous heurté & bronché contre cette pierre, qui a eſté leur pierre de ſcandale. Pas vn d'eux ne
m'a refuté par l'endroit que ie le
deuois eſtre, ſelon eux meſmes; &
pas vn d'eux n'a pris la choſe dans
le ſens qu'il la deuoit prendre.

Le Sieur des Marais Miniſtre de
Groninque, a écrit contre moy vn
'ume réply d'injures, auſſi mauuaiſes que ſes raiſons : ayant eu ordre pour cela de tout le Miniſteriat
de France, d'Angleterre, de Suiſſe,
d'Allemagne, de Hollande, de l'vn-
ne & de l'autre Friſe, Orientale, &
Occidentale. *Vires Orientis , &*

vltima secum Bactra vehens. Et il n'a
fait autre chose auec tout ce grand
appareil, & tout ce grand secours,
que de se rendre ridicule par sa maniere d'agir & d'écrire. Ie luy ay
tenu ce que ie luy auois promis ; &
ne luy ay répondu quoy que ce
soit. Car j'auois protesté à tous
ceux qui écriroient contre moy,
de mauuaise grace, & de mauuaise
foy, comme ce Ministre a fait , que
pour toute réponse ie ne leur ferois aucune réponse. Ce qui est
jmprimé en grosse lettre dans la
Preface de mon Liure. Cela n'em-
peschera pas que ie ne donne au
Sieur desMarais ce mot d'auis par
occasion ; & que les Luteriens &
les Caluinistes qui ont écrit aussi
mal que luy sur mon sujet, ne reçoi-
uent cette admonition charitable
auec luy ; Qu'ils auroient tous tant
qu'ils sont, beaucoup mieux fait de
ne rien faire, que de mal faire comme ils ont fait.

Il ne se faut donc pas estonner,
Monsieur, si la Reformation de

Caluin a esté mal entenduë , & si son dessein a mal reüssi. La chose ne pouuoit aller autrement par les raisons que ie vous ay dittes : Mais principalement par celle-cy , qui deuoit notoirement attirer la malediction du Ciel sur vne si maudite entreprise. C'est que Caluin ne pouuoit euiter le Schisme dans lequel il est tombé. Et qu'il estoit impossible qu'il ne violât cette saincte vnion que Iesvs-Christ auoit si religieusement recommandée à son Eglise : Et pour laquelle, auant que de mourir, il auoit si ardamment prié son Pere : Que tous ses Fideles fussent vn, comme le Pere estoit vn auec luy, & luy vn auec le Pere : Et que tous fussent vn auec le Fils & auec le Pere. *Vt omnes vnum sint, sicut tu Pater in me, & ego in te; vt & ipsi in nobis vnum sint.* Ioan. Euang. cap. 17. Caluin a rompu cette saincte vnité. Il a diuisé le Christianisme par sa reformation mal prise & mal entenduë. Et ces eloges qui sont donnés à

l'Eglise primitiue, qu'elle perseue-
roit *vnanimement* en prieres, &
qu'elle conseruoit auec beaucoup
de precaution non seulement *l'v-
nité d'Esprit*, mais *l'vnité de corps*
que sainct Paul luy auoit perscritte
auec beaucoup de soing : Ces eloges, dis-je, ne conuiennent plus au
corps du Christianisme de ces derniers siecles. Caluin a déchiré ce
corps, & l'a mis en pieces par vn
nombre infiny de sectes qu'il y a
suscitées. Et bien loing de reformer
la Chrestienté qui est la mesme chose que de la repo-lir & de la rendre
plus belle, il en a fait vn Monstre
enorme, qui a plus de corps que
l'Hydre n'auoit de testes.

Ie viens à l'autre comparaison
de l'Edifice mal entendu, pour vous
faire comprendre encore mieux
par elle, que vostre Reformation
a esté tout à fait mal entenduë. Et
la comparaison ne sera pas trouuée
hors de propos, si vous considerez,
Monsieur, que l'Eglise a esté comparée à vn Edifice ; Et que IESVS-

CHRIST parlant à sainct Pierre
qui venoit de le declarer Fils de
Dieu, luy dît formellement; *Qu'il*
edifieroit son Eglise sur cette pierre.
Cela posé , vous ne disconuiendrez pas de cette verité auec
nous, que l'Eglise Catholique n'ait
esté l'Edifice de IESVS-CHRIST,
fondé sur IESVS-CHRIST mesme,
& bâti par ses Apôtres. Vous ne
disconuiendrez pas non plus que
sainct Pierre & sainct Paul n'ayent
esté particulierement les Fonda-
teurs & les Architectes de l'Eglise
Romaine; & que l'Eglise Romaine n'ait esté cimentée par le sang
de ces deux grands Apôtres, qui y
ont souffert le martyre. Vous de-
meurerez enfin d'accord auec nous,
que l'Eglise Romaine a esté fondée par ces mesmes Apôtres sur
Iesus-Christ. Car ce sont eux qui
nous ont appris que l'Eglise Catholique ne peut estre edifiée que
sur ce fondement. Et la chose parle d'elle mesme contre ceux qui
voudroient nier vne verité si claire

& si reconnuë; en ce que l'Eglise
Romaine, qui est la seule de toutes
les Eglises Chrestiennes qui merite le nom de Catholique, & que
pour cela mesme ie n'appelleray
desormais que *l'Eglise Catholique*
simplement : En ce que dis-je, cette Eglise Catholique ne reclame
que Iesus-Christ, qu'elle ne demande quoy que ce soit à Dieu que
par Iesus-Christ; & que la fin de
toutes ses prieres à Dieu est celle-
cy. *Per Dominum nostrum Iesum-*
Christum, qui tecum viuit & regnat
in vnitate Spiritus sancti Deus, per
omnia sæcula sæculorum amen. C'est
à dire, Par Iesus-Christ nostre Seigneur, qui vit & regne auec toy, ô
Dieu en vnité du sainct Esprit, par
tous les siecles des siecles, Amen.
Et cela estant si vray, & si vniuersellement connu, ie ne me puis representer sur qu'elle pensée vos
Reformateurs ont pretendu faire
l'Edifice de leur Eglise, & sur quel
fondement ils se sont imaginez
qu'ils la poseroient. Car sainct Paul

dit en termes expres : Que nul ne
peut poser autre fondement que
celuy qui a esté posé, qui est Iesus-
Christ. *Fundamentum aliud nemo*
potest ponere, præter id quod positum
est, quod est Christus Iesus. Corinth. 1.
cap. 3. Le mesme sainct Paul appelle
ce fondement, celuy des Apôtres
& des Prophetes, Iesus - Christ
en estant la maistresse pierre angulaire. En qui, dit-il, tout l'Edifice
est construit, croist, & s'éleue en
Temple sainct au Seigneur. *In quo*
omnis ædificatio constructa crescit in
Templum sanctum in Domino. Eph. 2.
Or, Monsieur, si l'Eglise Catholique est fondée sur Iesus-Christ, &
sur le fondement des Apôtres &
des Prophetes, dont Iesus-Christ
est la pierre angulaire, de quoy vous
& nous demeurons d'accord ; sur
quoy ie vous prie sera fondée vôtre Eglise ? Vous me direz, sur Iesus-Christ. Ie vous répondray que
cela ne se peut ; parce que ce fondement est pris par l'Eglise Catholique, & que l'on n'a jamais oüy

parler de deux Edifices differents baſtis ſur vn meſme fondement. Eſope fournit des Maſſons pour bâtir vne Tour en l'air ; mais auec toute la ſubtilité de ſon eſprit il n'en eût ſçeu fournir pour baſtir deux Edifices en meſme lieu & ſur meſme place. Il peut croiſtre des ſurdents d'vne meſme dent : Vne meſme racine d'arbre peut jetter diuers ſions : Et vn meſme ſep peut eſtre multiplié par ſes prouins. Mais on ne ſçauroit faire deux bâtimens ſur vn meſme fondement. Et vos Reformateurs ont entrepris vne choſe impoſſible, en pretendant bâtir ſur vn fondement pris & occupé, ſans renuerſer l'Edifice bâty deſſus. Où il faut qu'ils auoüent qu'ils ont baſty ſur vn autre fondement que ſur Ieſus-Chriſt, & ſur vn autre fondement que celuy des Apôtres & des Prophetes.

Vos Docteurs répondront que Ieſus-Chriſt eſt ſorty de l'Egliſe Catholique pour fonder & pour edifier la vôtre. Que Ieſus-Chriſt

le pratique ainſi, ayant accoutumé
de tranſporter ſon chandelier, &
de le changer d'vn lieu à vn autre.
Ce qui ſe lit dans l'Apocalypſe, &
que nous ne nions pas. Mais nous
nions poſitiuement que Ieſus-
Chriſt ſoit ſorty de l'Egliſe Catholique pour aller dans la vôtre. Et
nous nions poſitiuement que Ieſus-
Chriſt nous ait oſté ſon chandelier pour vous le donner. Ieſus-
Chriſt regne dans l'Egliſe Catholique par ſon Euangile, par ſa priere, par ſes Commandemens, par
ſes Sacremens, par ſon ſeruice, &
par les traditions de ſes Apoſtres.
Ce que vos Docteurs ne ſçauroient
nier, car la verité de la choſe eſt ſi
notoire qu'elle les conuaincroit
manifeſtement du contraire. Il s'enſuit donc que Ieſus-Chriſt eſtant
dans l'Egliſe Catholique, & y eſtant
comme le flambeau & comme le
fondement de ſon Egliſe, voſtre
Egliſe ne peut auoir ce meſme flambeau ni ce meſme fondement. La
raiſon eſt, que Ieſus-Chriſt ne peut

eſtre diuiſé en deux Egliſes, non plus qu'vn meſme fondement ne peut ſeruir à deux maiſons: Que Ieſus-Chriſt ne peut eſtre le fondement de l'Egliſe Catholique, & le fondement de la voſtre.

Vous me direz, Monſieur, que vous auez le meſme Dieu, le meſme Ieſus-Chriſt, le meſme Euangile, le meſme Symbole des Apoſtres, la meſme priere Dominicale, & les meſmes Commandemens, qu'a l'Egliſe Catholique. Et que priant le meſme Dieu, croyant les meſmes articles de foy, & obſeruant les meſmes preceptes que l'Egliſe Catholique; vous eſtes bâtis ſur les meſmes fondemens de ſalut, ſur leſquels l'Egliſe Catholique eſt baſtie. A quoy ie réponds qu'il ne ſuffit pas d'auoir quelques-vnes des meſmes croyances de ſalut qu'a l'Egliſe Catholique en vnité d'eſprit; mais qu'il les faut auoir en vnité de corps. *Vnum corpus, vnus ſpiritus*; dit S. Paul aux Epheſ. cap. 4. Il n'y a qu'vn eſprit qui ani-

me le corps de l'Eglise , qui eft vn,
& qui feroit vn monftre s'il eftoit
deux. Et partant vous ne pouuez
participer à Iefus-Chrift en vnité
d'efprit, que vous n'y participiez
en vnité de corps, auec le corps de
fon Eglife. Vous n'auez nulle part
en Iefus-Chrift, eftant feparez de
fon corps, qui eft celuy de fon Eglife. Vous vous approchez de Iefus-Chrift , & l'honorez de vos
leures; mais voftre cœur eft éloigné de luy, eftant éloigné de fon
Eglife. Vous reclamez en vain Iefus-Chrift dans voftre Religion.
Il ne vous écoute point, & ne vous
connoît point hors de fon Eglife.
C'eft en vain que vous luy dittes,
Seigneur, Seigneur! Il vous eft hors
de fon Eglife , ce qu'étoient les
faux Dieux aux Payens qui les
adoroient. *Nudæ appellationes fine
re.* Iefus-Chrift eft à vous , qui
eftes hors de fon Eglife, vne parole
nuë , fans realité , & fans effect.
Iefus-Chrift n'eft point auec vous,
parce que vous n'eftes point auec

luy. Et vous n'estes pas auec luy, n'estant pas du corps de son Eglise. Ou pour demeurer dans la comparaison de l'Edifice : Iesus-Christ estant le fondement, & l'Eglise son edifice; vous n'auez nulle conionction auec le fondement, n'ayans pas de liaison auec l'Edifice.

Vos Docteurs repartiront; que Iesus-Christ à passé de l'Eglise Catholique à la vostre, parce qu'il n'a peu habiter dans vn edifice, basti à la verité sur le fondement de la foy, & dans lequel on ne peut pas nier qu'il n'y ait de tres bonnes croyances, qui font l'or & l'argent de l'Edifice : Mais dans lequel aussi on ne peut pas reuoquer en doute qu'il n'y ait beaucoup de foin & beaucoup de chaume. Pour leur répondre comme il faut; ne leur accordons pas qu'il y a beaucoup de foin & beaucoup de chaume dans les personnes qui composent l'Edifice de l'Eglise Catholique. Accordons leur qu'il y en peut auoir. Et disons de plus, qu'il ne se peut faire qu'il

n n'y en ait. S. Paul l'a ainſi écrit.
» Si quelqu'vn, dit-il, baſtit ſur le
» fondement qui eſt Ieſus-Chriſt, de
» l'or & de l'argent, des pierres-pre-
» cieuſes, du bois, du foin, & du
» chaume ; l'ouurage d'vn chacun
» ſera declaré quel il eſt : car le iour
» du Seigneur le declarera & le re-
uelera par le feu. *Si quis ſuperædi-
ficat ſuper fundamentum hoc* (Chriſti)
*aurum argentum, lapides pretioſos,
ligna, fœnum, ſtipulam, vniuſcuiuſ-
que opus manifeſtum erit. Dies enim
Domini declarabit, quia in igne reue-
labitur,* Corinth. 1. cap. 3. D'où il
reſulte que tant s'en faut que S.
Paul ait douté qu'il n'y ait du
foin & du chaume meſlé parmy l'or
& l'argent de l'Edifice de l'Egliſe ;
qu'il nous a même declaré que ce
foin & ce chaume doiuent demeurer dans l'Edifice, iuſques à la con-
ſommation des ſiecles : Et que qui
que ce ſoit (ce qui coupe la gorge
à Caluin) ne doit preſumer d'ar-
racher ce foin & ce chaume ; parce
que Dieu ſeul s'en reſerue la con-

fomption par le feu de fon Iugement final.

La queftion eft de fçauoir, &
c'eft dequoy il s'agit, fi Iefus-Chrift
abandonne fa Maifon, pour le foin
& pour le chaume qui eft meflé &
confondu parmy l'or & l'argent
de l'Edifice. Ie dis que non. Et ie
le prouue par le même paffage de
Saint Paul. Car il eft efcrit en ce
mefme lieu, que celuy qui aura employé le foin & le chaume dans l'E-
difice, ne perira pas; mais feulement, que fon œuure perira. *Si cu-
ius opus arferit*, dit l'Apoftre, *de-
trimentum patietur* (opus) *ipfe
autem faluus erit; fic tamen, ficut
per ignem.* Et Dieu n'a garde de
faire perir le Fidele qui aura employé ce foin & ce chaume; par
ce que Dieu fçait que le Fidele
mefme dans l'infirmité de fa chair
n'eft que foin & chaume deuant luy. Mais quoy que le Fidele foit tel deuant Dieu, il ne
laiffe pas d'eftre le Temple de
Dieu, & Dieu ne laiffe pas d'habi-

ter au dedans de ce Fidele. Saint
Paul ayant cette connoiſſance, &
ſçachant que la vertu de Dieu ſe
parfait dans noſtre infirmité, *Vir-*
tus in infirmitate perficitur. Il ſe glori-
fioit & ſe réiouïſſoit dãs ſes infirmi-
tez: Il prenoit de cela meſme occa-
ſion de s’humilier deuant Dieu; &
en s’humiliant, de s’eleuer à Dieu,
& de ſe fortifier dans ſa grace.
Cum enim infirmor (dit-il) *tunc*
potens ſum. Corinth. 2. cap. 12.
Et pour vous faire voir que Dieu
ne dedaigne pas le foin & le
chaume de ſes Fideles, Ieſus-Chriſt
meſme dans l’infirmité de ſa chair,
receut les hommages & les pre-
ſens des Roys qui le vindrent
adorer , ſur le foin & ſur le
chaume de la creche où il eſtoit
nay.

Dieu donc ne laiſſe pas d’eſtre
dans ſon Egliſe , & auec ſon Egliſe
quoy qu’il y ait du foin & du chaume meſlé parmi l’or & l’argent de
ſon Edifice , non plus que Dieu ne
laiſſe pas d’eſtre dans ſon champ,

qui est son heritage, encore qu'il y ait de l'yuroye meslée parmy le bon grain de la moisson, comme l'Euangile nous l'enseigne. Car Dieu ne laisse pas de répandre sa benediction sur le bon grain qui croît auec le mauuais grain : Mais auec cette difference, que le mauuais grain croist pour estre brulé, & le bon grain pour estre serré dans le grenier, qui est le Paradis de Dieu. C'est ainsi que l'or & l'argent s'éleuent de iour en iour par la benediction de Dieu, auec le foin & le chaume dont l'Edifice de l'Eglise est composé : Mais auec cette difference, que l'or & l'argent doiuent estre mis dans les Thresors du Ciel, & que le foin & le chaume doiuent estre consommez par le feu du dernier Iugement.

Or si Dieu n'a iamais abandonné sa maison de quelque maniere, ou de quelque matiere qu'elle ait esté bastie. Si Dieu a tousiours esté auec son Eglise, & s'il ne l'a iamais delaissée, non pas même lors qu'elle

a esté sous le Iudaïsme, remplie de
meschans & de reprouuez comme
ie vous l'ay démonstré dans ma
precedente lettre : croyrons nous
que Iesus-Christ ait renoncé à son
Eglise , & qu'il l'ait rejettée pour
vne cause si legere qu'est le foin &
le chaume que vous luy reprochez?
Et le croyrez vous, Monsieur, si
vous considerez qu'il est impossible
que l'Edifice de l'Eglise, tant qu'elle
sera militante icy bas en terre, ne
se ressente de l'infirmité naturelle
des Fideles qui la composent? Il n'y
a donc pas d'apparence de se persuader que Iesus-Christ ait passé de
nostre Eglise à la vostre , & qu'il
ait cessé d'estre le fondement de l'E-
glise Catholique, pour estre le fondement de la pretenduë Reformée.
Et s'il est vray , comme vous ne le
pouuez pas nier , que l'Eglise Catholique soit tousiours edifiée &
fondée sur Iesus-Christ: Trouuez
bon que ie vous le die encore vne
fois; sur quoy sera fondée vostre
Eglise? Ce ne sera, ni sur la pierre,

ni fur le fable, ni en l'air mefme ;
mais fur vn Eftre - de - raifon purement jmaginaire ; & fur vne fantaifie moins folide & plus legere
que ne font les vents & les fonges.

C'eft auffi fur cette fantaifie &
fur cette chimere que vos pretendus Reformateurs ont conceu &
dreffé le plan de leur Reformation.
Et il ne fe faut pas eftonner fi ayant
efté fi mal entenduë, elle a fi mal
reüffi. Il ne fe faut pas non plus
eftonner , fi l'Edifice de voftre
Eglife a efté mal orienté & mal affis,
n'ayant pas efté oriente fur Iefus-
Chrift, qui eft *l'Orient d'en haut.* Et
on ne doit pas trouuer eftrange s'il
a efté mal placé & mal fondé , na-
yant pas efté fondé fur la pierre angulaire de l'Edifice , qui eft le même Iefus-Chrift. D'où il s'enfuit
que voftre Reformation a efté fort
mal entenduë, & fort mal conceuë,
de quelque fens qu'on la puiffe
prendre. Il s'agit maintenant de
vous prouuer qu'elle a efté fort
mal faite , & fort mal executée Et

que si le plan de l'Edifice même a
esté mal entendu & mal conceu,
l'Edifice même a esté plus mal fait
plus mal ordonné, & plus mal
basti. C'est ce que ie pretends de
vous démontrer dans la seconde
partie de cette Lettre.

VOSTRE REFORMATION
a esté mal ordonnée & mal bastie
en toutes manieres. PREMIERE-
MENT en ce qui regarde le regime
de l'Eglise, qui depend de sa Hierarchie. SECONDEMENT en ce qui
concerne le seruice diuin, qui est
sa Liturgie. Le regime de l'Eglise
qui depend de sa Hierarchie, em-
pesche les Fideles d'extrauaguer,
& les contient dans les regles de la
discipline Ecclesiastique. Le seruice
diuin, qui est sa Liturgie, enseigne
aux Fideles la forme de ce seruice,
& l'enseigne telle que l'Eglise la
receuë de l'ancienne Tradition
Apostolique. Ie parleray par ordre
de l'vne & de l'autre, & de la Hierarchie, & de la Liturgie de l'E-
glise. Et commençant par la Hie-

rarchie, j'efpere, Monfieur de vous faire auoüer que vos Reformateurs l'ont tout à fait corrompuë, bien loing de la reformer.

Vos Docteurs n'ignorent pas que toutes chofes fe doiuent faire par ordre dans l'Eglife de Dieu. C'eſt ce que Saint Paul recommandoit fur tout aux Eglifes qu'il auoit fondées. *Que toutes chofes,* dit-il, *fe faſſent par ordre.* Suiuant cette Loy non moins naturele qu'Euangelique , l'Ordre Hierarchique eſtably dans l'Eglife Catholique, y auoit regné fans contredit; depuis le fiecle des Apoſtres, iufques à celuy de Caluin; qui l'a renuerſé de fond en comble, qui a deſtruit toute la Hierarchie Eccleſiaſtique, & qui dans fa Reformation a retranché fans raifon quelconque, ce qui eſtoit non feulement de plus fainct & de'mieux reglé; mais de plus augufte & de plus Maieſtueux dans l'Eglife de Iefus - Chriſt. I'ay dit que Caluin l'a retranché fans raifon quelconque. Car encore qu'il ait

pris pour vne raison specieuse de ce
retranchement, le mauuais vsage
qu'il pretendoit; ou pour mieux
dire, qu'il pretextoit, que faisoient
des dignités Ecclesiastiques ceux
qui les possedoient: Il y auoit neantmoins grande difference entre le
retranchement du mauuais vsage
d'vne chose bonne, & le retranchement de la chose même. L'ordre de toutes ces dignitez estoit
tresbon, tres Apostolique, & tres
saintement estably : Et s'il y auoit
de l'abus dans leur mauuais vsage,
il se falloit contenter de reformer
l'abus, & ne pas retrancher les dignitez mêmes.

Ophni & Phinées, les deux fils
du bon homme Heli Souuerain
Sacrificateur des Iuifs, abusoient
du pouuoir de leurs charges, & du
Sacerdoce qu'ils exerçoient sous le
Pontificat de leur Pere. Dieu ne
voulut pourtant pas abolir la Sacrificature, pour la mauuaise vie &
la mauuaise conduite des Sacrificateurs. Il se contenta de faire perir

les meschans qui abusoient de l'autorité Sacerdotale, & conserua l'ordre sacré du Sacerdoce. Caluin a creu que Dieu ne l'entendoit pas. Il est allé au delà. Il a voulu faire plus que Dieu n'a fait. Il ne s'est pas contenté de s'attaquer aux mœurs qu'il pretendoit corrompuës de ceux qui possedoient les hautes dignitez du Clergé de Rome: il s'en est pris au Clergé même, & l'a totalement retranché de sa Reformation. Ce qu'il a fait par vn tel caprice & par vne audace si extrauagante, qu'il semble qu'il ait voulu dire, en exterminãt la saincte Hierarchie de l'Eglise; Dieu l'a establie, & ie l'aboliray.

Caluin l'a entrepris sur vn faux fondement qui luy a fait faire vn faux raisonnement, lors qu'il a pretendu que l'Eglise Chrestienne en ce qui regarde son Regime, deuoit reuenir à sa premiere simplicité, & telle qu'elle estoit du temps des Apostres. Car autre a esté la simplicité des Sacrifices & du seruice

que l'Eglife Iudaïque rendoit à
Dieu dans le Defert : Autre a efté la
magnificence des mefmes Sacrifices
& du mefme feruice qu'on rendoit
au même Dieu dans le Temple de
Salomon, & dans la pompe de la
même Eglife Iudaïque : Et autre
fera fans comparaifon l'eftat magnifique & fuperbe de la même Eglife
au triomphe de Ierufalem, lors que
les Iuifs feront appellez à la connoiffance de l'Euangile , & qu'ils
fe feront Chreftiens. Ainfi , autre
a efté la fimplicité de l'Eglife Chrêtienne dans fa naiffance, & dans
fes petits commencemens , lors
qu'elle n'a eu que des Pefcheurs
pour Apoftres : Autre a deu eftre
la magnificence de la même Eglife,
lors qu'elle a eu des enfans, Princes,
Roys , & Empereurs : & autre
fera fans comparaifon le glorieux
& fuperbe eftat de la même Eglife
Catholique, lors que tous les peuples de la terre embrafferont la Religion Chreftienne, lors que toute
la terre fera remplie de la connoif-

sance de Iesus-Christ ; & comme
Saint Paul en a parlé , lors que la
Plenitude des Gentils sera entrée
dans l'Egise Catholique. Et vous ne
deuez pas douter , Monsieur, que
ce temps-là n'arriue quelque iour.
Les Prophetes & les Apostres l'ont
creu & l'ont écrit. Et les passages de
l'Escriture-Sainte qui le certifient ,
sont en si grand nombre , que ie ferois vn gros volume d'vne petite
lettre, si j'auois entrepris de les alleguer icy tous.

La raison qui nous doit faire croire l'estat glorieux de l'Eglise Catholique en terre, n'est pas seulement Euangelique ; mais encore
naturelle. Car s'il y a vn temps à
venir auquel toute la terre se doit
faire Catholique ; il est euident
que l'Eglise Catholique sera aussi
en ce temps-là Reyne de toute la
terre, & qu'elle sera par consequent la plus grande & la plus
triomphante de toutes les Reynes
qui ont iamais esté. L'Eglise Catholique cessera en quelque façon
d'estre

d'eftre militāte en ce temps-là, parce qu'elle n'aura plus d'ennemis
vifibles à combatre fur la terre. L'E-
glife Catholique dira en ce temps-
là : Ie fuis Reyne , & ie regne fur la
terre auec Iefus-Chrift mō Efpoux;
parce que toute la terre fera foû-
mife à la Loy de Iefus-Chrift. En
vn mot , l'Eglife Catholique fera
en ce temps-là cette Reyne triomphante que le Pfeaume 44. nous a
décrite en ces termes magnifiques.
Adftitit Regina à dextris tuis, in
veftitu deaurato , circumdata varie-
tate. C'eft à dire, la Reyne eft à
ta droite auec fa robe d'or, brodée
de diuerfes couleurs. L'Eglife Catholique receura en ce temps-là
tous les honneurs, tous les hommages , & toutes les richeffes de la
terre. *Filiæ Tyri in muneribus vul-*
tum tuum deprecabuntur, omnes diui-
tes plebis, dit le Pfeaume au même
endroit. Et pour vous faire voir
que ce Pfeaume qu'on explique al-
legoriquement de l'Eglife triomphante au Ciel, doit eftre entendu

C

literalement de l'Eglise triomphante en terre; Vous remarquerez
Monſieur, qu'il eſt adiouté au même lieu: *Nati ſunt tibi filij, conſti-*
tues eos Principes ſuper vniuerſam
terram. C'eſt à dire, des Enfans te
ſont nais, que tu feras Roys de toute la terre. Ce qui ne peut eſtre expliqué de l'Eglise triomphante au
Ciel, où il ne naiſt point d'enfans:
Et ne doit eſtre entendu que de l'E-
gliſe triomphante en terre, qui fera
des enfans à Ieſus-Chriſt, & des
Enfans qui ſeront Roys de toute
la terre. Le Pſeaume appelle cette
Reyne, la fille du Roy. Et voſtre
Buchanan l'a paraphraſé de la fille
du Roy d'Egypte Pharaon, que
Salomon eſpouſa, quand il dit.

Tharij proles generoſa tyranni
　Tota decens, tota eſt gemmis in-
　　ſignis & auro.
　Et facies cultum illuſtrat, facie-
　　que decorâ
　Pulchrior eſt animus.

Car Salomon ayant eſté la figure
de Ieſus-Chriſt, ſon mariage auec

vne Princesse Gentile auoit esté la figure aussi de l'alliance & du mariage que Iesus-Christ deuoit contracter auec l'Eglise Gentile, qui est l'Eglise Catholique. Et quand le Poëte nous a depeint cette fille de Roy, esclatante d'or & de pierreries, belle de visage, & plus belle d'esprit; il l'a pris du mesme Pseaume, où il est dit: *Omnis gloria filiæ Regis ab intus, in fimbriis aureis, circūdata varietatibus.* C'est à dire; Toute la gloire de cette fille de Roy vient du dedans, & se repand sur la broderie d'or de sa robe, & sur l'éclat des viues & diuerses couleurs qui l'enuironnent. C'est ainsi que Iesus-Christ son Espoux est representé dans l'Apocalypse, enuironné de l'Iris ou de l'arc en Ciel ; parce qu'il est la splandeur de la gloire de Dieu son Pere.

Mille trahens varios aduerso Patre colores.

Il y a deux choses dignes de consideration dans ce passage du Pseaume. L'vne eft, qne la pompe & la magnificence exterieure de cette Reyne, emanera de fon interieure faincteté: Et qu'elle fera belle au dehors, parce qu'elle fera faincte au dedans. *Omnis gloria filiæ Regis ab intus.* Toute la gloire de l'Eglife paffera du dedans qui fera fainct, au dehors qui fera magnifique. *In fimbrijs aureis*, dit le Pfeaume; jufques au bords de fa robe qui feront brodez d'or. *Circundata varietatibus.* Ce qui eft l'autre des deux chofes que nous deuons confiderer en ce lieu. Car ces varietez dont l'Eglife fera reueftuë en ce temps-là, doiuent eftre entenduës, ou de la varieté de tous les peup'es de la terre qui fe conuertiront à Iefus-Chrift, & qui compoferont l'Eglife Catholique en terre; ou de la varieté des habits de fes Miniftres, qui compoferont la Saincte & facrée Hierarchie de l'Eglife; qui feront diuers en ornemens & en magnificences exterieures, comme diuers en ordres & en dignitez.

L'Eglife Catholique fera en ce
temps-là cette Ierufalem nouuelle,
que faint Iean vid defcendre du Ciel
en terre. *Vidi ciuitatem Sanctam*
nouam defcendentem de cælo à Deo.
Apocal. 21. Ce ne fera pas la Ierufalem Archetype ou originale qui
triomphe dans le Ciel, & qui ne
bouge du Ciel. Ce fera vne Ierufalem terreftre, copie de la celefte:
Mais copie diuinement bien tirée
fur l'originale celefte; que Dieu
enuoyera & fera defcendre du Ciel
en terre, *Pour eftre le Tabernacle*
de Dieu auec les hommes, & où Dieu
habitera auec eux, comme il eft
efcrit au mefmelieu. *Auec les hom-*
mes, doit eftre entendu des hommes qui feront en ce temps-là fur
la terre, & non pas des Eleus qui
feront au Ciel. Ce qui eft efcrit
de cette Ierufalem celefte que fes
murailles font fondées fur les douze Apoftres, fait voir clairement
que ce fera l'Eglife Chreftienne &
Catholique. Et quand il eft fpe-
cifié en fuitte, que cette Sancte

Cité sera baftie de pur or, & d'vn
or reluifant comme du verre; qu'elle
fera enrichie de perles, & de pierres-
precieufes; cela eft dit en figure,
pour reprefenter la magnificence
exterieure de l'Eglife, jointe à fa
Sainteté interieure.

Il eft donc vray, Monfieur, que
l'Eglife Catholique doit eftre maintenant confiderée quant à fon Regime, non pas comme elle eftoit
dans fon enfance & dans fa peti-
teffe, mais cóme vne grande Reyne;
& d'autant plus grande, qu'elle doit
eftre vn iour Reyne de toute la terre.
Et nous fommes obligez de croire
que quelque petite, quelque in-
firme, & quelque perfecutée qu'ayt
efté l'Eglife Catholique, dans fa
naiffance & dans fes foibles commencemens; elle a toufiours eu le
cœur d'vne grande Reyne, & a toufiours conceu dans fon Ame l'efperance de la Royauté vniuer-
felle, à laquelle elle fe fent appellée,
& à laquelle elle afpire. En quoy elle
a imité Iefus Chrift fon Efpoux, qui

dans l'opprobre mefme de fes
fouffrances, n'a pas refufé le
titre de Roy, & n'a pas negligé les
ombres de la Royauté, quoy que
ridicules, dôt fes bourreaux l'hôno-
roient, en croyant le deshônorer.
Ils luy donnerent vne Couronne
faite d'efpines : mais qui ne laiffoit
pas d'eftre courronne. Ils luy donnerent vn Sceptre fait d'vn rofeau ;
mais qui ne laiffoit pas d'eftre Sceptre. Ils l'affublerent d'vn man-
teau de Soldat ; *Chlamydem coccineam
circumdederunt ei* : mais ce man-
teau eftoit de la couleur de ceux
dont les Roys font reueftus.

Ie vous diray à ce propos vne
penfée curieufe que j'ay ouy dire
autre-fois au deffunct Pere Campa-
nella, homme d'excellent & rare
efprit, dans fon efpece de fçauoir.
Il me dit qu'eftant à Rome à vne
grande ceremonie, où le Pape Vr-
bain VIII. eftoit porté en triomphe, accompagné de fes Cardinaux
& de fa Cour, paré de fes habits
Pontificaux, & la Tiare en tefte

Vn Gentilhomme Anglois , & des amis du Pere, quoy que Proteſtant, s'approcha de ſon oreille & luy dit tous bas. *Pater ! Petrus non habebat omnem hanc pompam.* C'eſt à dire; Mon Pere, Saint Pierre n'auoit pas toute cette pompe. Le Pere luy reſpondit bruſquement ; *Falleris, habebat in ſemine.* Vous vous trompez : Saint Pierre auoit toute cette pompe en ſemence. En effect, Monſieur, on peut dire que l'Egliſe Catholique conſiderée dans ſa naiſſance & dans ſa petiteſſe , a eu en vertu & en ſemence toute la grandeur, & toute la magnificence Royale , dans laquelle nous la voyons, & dans laquelle on la verra quelqueiour au plus haut eſclat de ſon triomphe. Or vne ſemence qu'on jette en terre, n'eſt pas d'abord ce qu'elle doit deuenir. *Quod ſeminas , non corpus quod futurum eſt ſeminas , ſed nudum granum. Deus autem dat illi corpus ſicut vult;* Corinth. 1. cap. 15. Et cette ſemence qui croiſt d'elle meſme , ſort premierement en herbe ; elle se forme enfuitte en espi ; & le grain s'enfle & meurit dans l'espi. *Fructificat primùm herbam, deinde spicam, deinde plenum frumentum in spica.* Marci 4. Le progrés de l'Eglise Catholique a esté semblable à celuy de cette femence. Elle a creu comme d'elle mesme, & insensiblement. Et elle a creu de Foy en Foy, de Sanctification en Sanctification, & d'Esperance en Esperance. Et qui voudroit l'obliger en l'estat où elle est, quant à son Regime, de reuenir à son principe, s'engageroit dans la mesme folie, & tenteroit la même chose impossible, que feroit celuy qui voudroit que sa moisson qui est en espi, reuint en herbe.

L'Eglise Catholique oublie ce qui est en arriere, & s'estend à ce qui est en auant. Ce que Saint Paul faisoit, & ce qu'il écrit aux Philippiens, chapitre 3. *Quæ retro sunt obliuiscens, ad ea quæ sunt priora extendens me ipsum, ad destinatum persequor, ad brauium su-*

pernæ vocationis Dei in Chrifto Iefu.
L'Eglife Catholique fçait qu'auant
que de triompher dans le Ciel, où
eft fon prix & fa couronne d'jm-
mortalité, elle doit triompher fur
la terre auec Iefus- Chrift fon Efpoux. Elle fçait qu'elle doit eftre
transforméc de gloire en gloire, &
de triomphe en triomphe. C'eft à
quoy elle tend, & à quoy elle afpire. Elle ne fonge plus aux chofes
paffées. Elle ne penfe qu'à celles
qui font à venir. Elle ne regarde
point en arriere. Cette veüe luy feroit mortelle, comme elle fut mortelle (quoy que dans vn fens
contraire) à la femme de Lot.

Mais donnons à Caluin ce qu'il
demande. Accordons luy qu'il feroit expedient que l'Eglife Catholique retournaft en arriere, au lieu
d'aller en auant, & qu'elle reuint à
fon premier principe, quant à fon
Regime. Vous m'auoüerez, Monfieur, que ce principe de Regime,
tel qu'il eftoit à la naiffance de l'E-
glife, ne fe peut exactement fçauoir.

Premierement, parce que l'Histoire des Actes des Apostres est courte pour cela. Secondement, parce qu'il nous manque quantité d'Epitres des mesmes Apostres. En troisieme lieu, parce que les Apostres n'ont pas escrit tout ce qui regarde la forme du regime de l'Eglise. C'est pourquoy Saint Paul disoit aux Thessaloniciens; *State fratres, & tenete traditiones quas didicistis, siue per sermonem, siue per Epistolam nostram:* Thessal. 2. cap. 2. C'est à dire: Demeurez debout, mes freres, & retenez les Traditions que vous auez apprises, soit par nostre parole, soit par nostre lettre. D'où il resulte premieremét, que ceux-là tombent & ne demeurent pas debout, qui ne retiennent pas les Traditions Apostoliques. Secondement, que nous ne pouuons apprendre que fort legeremét de l'Escriture Sainte, quelle a esté l'Ancienne forme du Regime de l'Eglise; & que nous n'en sçaurions auoir vne particuliere connoissance, que par la Tradition de l'Eglise, qui la retenuë, non pas des escrits, mais de la parole des Apostres : Et qu'il nous est du tout impossible de sçauoir quel a esté ce premier Regime, que par cette seule Tradition de parole. Il resulte en troisiéme lieu, que par cela même que nous pouuons comprendre de cét ancien Regime, soit par l'Ecriture-Sainte, soit par la Tradition Apostolique; Caluin n'en a suiui pas vne trace, & n'en a retenu pas vne marque dans sa Reformation. Que tout au contraire, il s'est forgé vn Regime d'Eglise qui n'a aucun rapport, ni auec l'Euangile, ni auec l'Histoire des Actes, ni auec les Epistres des Apostres, ni auec les Traditions des Peres les plus anciens de l'Eglise.

Pour vous le demontrer visiblement : Vous remarquerez, monsieur! que Caluin a voulu que les Eglises de sa secte fussent independantes les vnes des autres, & qu'il n'y eût aucune primauté entre elles. C'est pourquoy aussi il a employé toute

l la subtilité de sa Logique à con-
tester la primauté de Saint Pierre :
Quoy qu'elle soit si clairement de-
môtrée dans le nouueau Testament,
que sa clarté éblouït les yeux, tât elle a de lumiere. Car, Monsieur! peut-
on reuoquer en doute que S. Pierre
n'ait esté le premier des Apostres appellé à l'Apostolat par Nostre-Seigneur mesme ? Et que dans le dé-
nombrement des Apostres qui se lit
en S. Mathieu, chap. 10. Saint Pierre
ne soit par expres, & nommément
dit le premier ? *Primus Simon qui
dicitur Petrus.* Le premier Simon,
appellé Pierre. Nostre-Seigneur
luy dit en suitte formelement. *Tu es
Petrus, & super hanc petram ædificabo Ecclesiam meam.* Math. 16.
C'est à dire : Tu es Pierre & sur
cette pierre j'edifieray mon Eglise.

Vos Docteurs ont beau chicaner
que cette pierre se doit entendre de
Iesus-Christ. Car on ne conteste pas
que l'Eglise ne soit edifiée sur Iesus-Christ. Mais on vous soustient
qu'elle est edifiée aussi sur les Apô-

tres, & fur Saint Pierre particulierement, comme eſtant le premier
& le chef des Apoſtres. Saint Paul
a dit parlant aux Epheſiens chap. 2.
Superædificati ſuper fundamentum
Apoſtolorum, & Prophetarum, ipſo
ſummo angulari lapide Chriſto Ieſu.
C'eſt à dire, edifiez ſur le fondement des Apoſtres & des Prophetes: Ieſus-Chriſt eſtant la Maitreſſe
pierre de l'Angle. Par où l'on peut
voir que l'Egliſe ne laiſſe pas d'eſtre
ditte fondée ſur les Apoſtres, quoy
qu'elle ſoit fondée ſur Ieſus-Chriſt.
L'Apocalypſe de Saint Iean l'a dit
bien expreſſément au chap. 21. cy
deſſus allegué, où il eſt écrit de la Ieruſalem celeſte. *Et murus ciuitatis*
habens fundamenta duodecim, & inip-
ſis duodecim nomina duodecim Apoſto-
lorum Agni. C'eſt adire, le mur de la
Cité à douze fondemens, & il y a
douze noms ſur ces fondemens, qui
ſót ceux des douze Apoſtres de l'Ag-
neau. Et N. S. qui a parlé dans ſon
Euangile, de Saint Pierre ſeul, pour
fondement de ſon Egliſe; l'a fait à

cause de l'excellence & de la primauté de la vocation de Saint Pierre
à l'Apoſtolat ; n'ayant pas pour
cela entendu exclurre les autres
Apôtres du fondemét de ſon Egliſe.
Car ſi l'Egliſe eſt fondée ſur les
douze Apoſtres, ſuiuant l'Apocalypſe de Saint Iean , chaque Apôtre ſera le fondement de la meſme
Egliſe.

Cecy eſt remarquable, que dans
ce meſme paſſage de l'Euangile, &
tout joignant, Noſtre-Seigneur
donna les Clefs du Royaume des
Cieux à Saint Pierre, & luy donna
deux Clefs. Dequoy, Monſieur, ie
vous rendray vne raiſon bien naturele, & qui n'a pas encore eſté re-
marquée que ie ſçache. Car il n'eſt
rien de plus vray que S. Pierre a eſté
le premier qui a ouuert la porte du
Royaume des Cieux, qui eſt celle
de l'Euangile, aux Gentils. Il a eſté
le premier qui les a baptizés, & le
premier par qui le Saint Eſprit rom-
ba ſur les Gentils, au grand eſton-

nement des Iuifs; comme ilse lic
au 10. Chap.des Actes,dans la con-
uerlion de Corneille le Centenier
au Chriftianifme. C'eft ce que Saint
Pierre mefine declara au premier
Concile des Chreftiens qui fe tint
en Ierufalem : Hommes freres!
dit-il, vous fçauez que désle commencement de la predication de
l'Euangile,Dieu m'a eleu pour prêcher Iefus-Chrift aux Gentils, &
qu'il a voulu que les Gentils creûf-
fent au fils de Dieu par ma bouche:
Et ce qui s'enfuit au chap. 15. des
Actes.Saint Pierre a donc employé
la premiere des deux clefs que Iefus-Chrift luy a données,à ouurir la
porte du Royaume des Cieux aux
Gentils qui font l'Eglife Chrêtienne & Catholique. A quoy il a
efté tres particulierement eleu &
appellé par vne vifion miraculeufe,
dans laquelle Dieu luy fit connoître que les Gentils ne feroient plus
fouill z, & qu'ils feroient purifiés
par la cónoiffance qu'il leur donne-
roit des Myfteres de fon Euāgile.Or

tout ainſi que Ieſus-Chriſt a eſtably
S. Pierre, pour eſtre le premier Por-
tier de l'Euangile, ouuert & an-
noncé aux Gentils, en luy donnant
les clefs du Royaume des Cieux:
Il eſt apparent que le meſme Ieſus-
Chriſt a eſtably le meſme ſainct
Pierre, pour eſtre le premier archi-
tecte, & le premier fondateur de
l'Egliſe Gentile & Catholique ; &
pour en eſtre le fondement meſme,
en luy diſant; *Tu es Pierre & ſur
ceſte pierre j'edifieray mon Egliſe.*

Apres que S. Pierre eût fait la
premiere ouuerture de l'Euangile
aux Gentils, nous liſons dans l'E-
pître aux Galates, qu'il receut en
ſuite vne miſſion particuliere pour
les Iuifs, & que S. Paul receut en
meſme temps vne ſeconde & particuliere miſſion pour vne plus gran-
grande vocation des Gentils. La
premiere introduction que S. Pierre auoit faite, n'ayant eſté proprement qu'vne petite entrée pour les
premices des Gentils au Chriſtianiſme. A cauſe dequoy cette entrée

a esté appellée *Ostium fidei* : non pas
vne porte, mais vne petite ouuerture, & vn petit huis ; au 14. chap.
des Actes, sur la fin. S Paul l'a
appellé, *Ostium Sermonis Christi*, Co-
loss. 4. Et dans l'Apocalypse chap. 3.
il est écrit. *Ecce sto ad ostium &*
pulso, si quis aperuerit mihi ianuam.
&c. C'est à dire : Ie me tiens à l'huis
& ic heurte. Si quelqu'vn m'ouure,
il ne dit pas la porte, mais l'huis.
S. Pierre eut beau conuier les Iuifs
d'entrer par le mesme huis, où par
la mesme ouuerture qu'il auoit faite aux Gentils ; les Iuifs endurcis
ne voulurent point entrer par ce
petit huis, ou pour le dire ainsi,
par ce petit guichet. Et en effect,
il faudra quelque iour ouurir les
deux grandes portes pour les Iuifs,
& pour la plenitude des Gentils,
qui doiuent entrer en mesme temps
& en foule auec les Iuifs, dans l'E-
glise Chrestienne & Catholique.
Ce sont les Portes dont Isaïe a parlé au chap. 26. de sa Prophetie.
Aperite portas, & ingrediatur Gens

iusta & custodiens veritatem. C'eſt
à dire ; Ouurez les portes , pour
faire entrer la Nation iuſte & gar-
dant la verité. Ce qui doit eſtre
entendu des Iuifs & des Gentils
conuertis à Ieſus-Chriſt , qui ne
ſeront en ce temps-là qu'vn peuple & qu'vne Nation. Le Pſeaume 117. l'auoit predit auant Iſaïe.
Aperite mihi portas Iustitiæ. In-
greſſus in eas confitebor Domino. Hæc
porta Domini. Iusti intrabunt in eam.
Ces meſmes portes ſont appellées,
les portes du ſiecle (ſelon la lettre
hebraïque) *Et les portes principales,*
au Pſeaume 23. Et ce ſiecle ſera vn
ſiecle d'or pour l'Egliſe triomphante en terre. Le Roy de gloire,
qui eſt Ieſus - Chriſt ſon Eſpoux,
fera l'entrée de ſon triomphe par
ces portes , comme il eſt écrit dans
le meſme Pſeaume. *Attollite portas*
principes veſtras , eleuamini Portæ
ſæculi, & intrabit Rex gloriæ. La
ſeconde clef de S. Pierre ſera em-
ployée à l'ouuerture de ces portes.
Et le meſme S. Pierre ſera quelque

iour cette ouuerture en la perſonne
de celuy de ſes ſucceſſeurs qui aura
le meſme vſage des clefs de S. Pierre, & que Dieu appellera d'vne vocation particuliere pour la conuerſion des Iuifs au Chriſtianiſme, &
pour la plenitude des Gentils qui
embraſſeront en meſme temps la
foy de Ieſus-Chriſt.

C'eſt à quoy bien apparemment
regardoit noſtre Seigneur, quand
il dit à S. Pierre auant ſon Aſcen-
ſion au Ciel. *Pais mes agneaux*, &,
Pais mes brebis. Car par les *Agneaux*
ſont entendus les Gentils que S.
Pierre a fait Chreſtiens; & par les
Brebis ſe peuuent entendre les Iuifs
qu'vn ſucceſſeur de S. Pierre fera
Chreſtiens. Eſtant certain que l'E-
gliſe Gentile eſt ſortie de l'Egliſe
Iudaïque; & que l'Egliſe Iudaïque
eſt comme la mere de l'Egliſe Gentile, tout ainſi que les brebis ſont
les meres des agneaux. Et noſtre
Seigneur a mis les agneaux deuant
les brebis; parce que S. Pierre deuoit eſtre le Paſteur des Gentils,

deuant que d'eftre le Pafteur des
Iuifs & des Gentils ioints en-
femble.

Vous noterez encore, Monfieur!
que le mot de *Paftre* en ce lieu, &
dans l'original de l'Euangile, fignifie auffi *conduire*. C'eft pourquoy
la verfion Latine du Pfeaume 22.
a fort bien traduit. *Dominus regit
me*, Dieu me regit; ce que voftre
Marot n'a pas mal tourné : *Mon
Dieu me paift*. Et c'eft pourquoy
auffi l'Apoftre S. Pierre a efté reconnu des autres Apoftres fes con-
freres, pour le Pafteur, pour le
conducteur, & pour le directeur
du troupeau de Iefus-Chrift. S.
Paul le reconnut tel, quand il dit
aux Galates, chap. 1. Qu'encore
qu'il eût receu fa vocation d'Apò-
tre par vne reuelation extraordinaire, & miraculeufe ; neantmoins
qu'apres auoir preché quelque
temps l'Euangile, fuiuant fa vocation, dans l'Arabie & aux enui-
rons de Damas, il monta en Ierufalem pour voir S. Pierre, chez le-

quel il demeura quinze iours. Ou vous remarquerez que S. Paul rendit ce respect à S. Pierre preferablement aux autres Apostres, comme au premier & au plus considerable des Apostres. Si nous lisons les Actes des mesmes Apostres, nous trouuerons que S. Pierre tient toûjours le premier rang parmy eux, qu'il prend le premier la parole dans toutes les assemblées où il se trouue ; Et que dans le Concile de Ierusalem, il appaisa comme President, le tumulte des Fidelles assemblez, qui n'étoient pas d'accord entre eux. Et son auis fut d'vn si grand poids, que tout ce qu'il delibera en faueur des Gentils fut absolument suiui. L'Ange distingua nommément S. Pierre des autres Apostres, quand il dît aux trois Maries à la Resurrection de nostre Seigneur. *Dicite Discipulis eius, & Petro, quia præcedet vos in Galilæam, &c.* Marci 16. Dites à ses Disciples & à Pierre, que vous le verrez en Galilee.

Cette election particuliere de
Saint Pierre pour la primauté de
l'Apoſtolat, & pour la primauté du
Regime de l'Egliſe de Ieſus-Chriſt,
eſt venüe de ce que Ieſus-Chriſt
à aimé Saint Pierre plus qu'il n'a
aymé les autres Apoſtres; ſuiuant
ce qui eſt eſcrit. *Elegite, quia
dilexi te.* Ie t'ay choiſi, parce que
ie t'ay aymé. Comme auſſi de ce
que Ieſus-Chriſt ſçauoit que Saint
Pierre l'aymoit plus que les autres
Apoſtres ne l'aymoient. C'eſt pour
cela meſme que Ieſus-Chriſt demanda à SaintPierre. *Simon Iona,
diligis me plus his?* M'aymes tu
plus que ceux-cy Et il le luy demanda par trois fois: non pas que
Ieſus-Chriſt en doutaſt, car il en
eſtoit tres aſſeuré; mais pour tirer
cette confeſſion autentique de la
propre bouche de Saint Pierre,
en preſence des autres Apoſtres.
Et Ieſus-Chriſt pour témoigner
aux autres Apoſtres qu'il auoit pour
Saint Pierre auſſi vne amitié particuliere, au delà de celle qu'il auoit

pour eux ; & que S. Pierre estoit le
premier dans son estime, comme
dans son amitié ; ill'establit le premier entre eux,lors qu'il l'établit en
leur presence Pasteur & cõducteur
de son troupeau. Ce qu'il fit pour
la preference & pour la primauté
du regime seulement. Car nostre
Seigneur, comme j'ay dit, n'enten-
dit pas exclurre pour cela les autres Apostres qu'il aymoit , mais
non pastant, de la conduite & de
la direction pastorale de son Eglise.

S. Hierôme a écrit de S. Iean au
Catalogue des Escriuains Eccle-
siastiques. *Sed & Ioannes qui super pectus Domini recubuit, & Pon-
tifex eius auream laminam in fronte
gestans.* C'est à dire ; S. Iean qui se
reposa sur le sein du Seigneur, qui
fut son Pontife,& qui porta la lame
d'or sur son front. Ce qui nous
fait voir que S. Iean a porté le nom
de Pontife de Iesus-Christ, qui est
le mesme que celuy de Pasteur &
de conducteur de l'Eglise de Iesus-
Christ. Et il appert de cela mesme
que

que S. Iean n'a pas seulement porté
le nom de Pontife; mais qu'il en a
aussi porté quelques marques visi-
bles en qualité d'Euêque & d'Apôtre de I.C. Ce qui nous fait cónoî-
tre aussi, que les Apôtres & les premiers Chrêtiens ont retenu des Iuifs
la forme de leur regime. Et nous ne
serons pas trompez dans nostre
conjecture, quand nous dirons que
S. Pierre a porté le mesme nom de
Pontife parmy les Chrestiens, qui
est le mesme que celuy de *Souuerain Sacrificateur* parmy les Iuifs,
tout ainsi que S. Hierôme asseure
que S. Iean l'a porté.

Il est certain, Monsieur! qu'apres
la mort de S. Pierre, ses successeurs
au S. Siege de Rome, ont retenu le
mesme nom & la mesme dignité de
Pontife. Que toute l'Eglise d'Occident les a toûjours & sans contredit reconnus pour tels. Et que s'il
s'est trouué des Eglises en Orient
& au Midy, qui leur ayent contes-
té cette qualité pour la jurisdi-
ction; les plus sçauants & les plus

Sainⱪs d'entre les Peres de ces mefmes Eglifes, l'ont toûjours reconnuë & donnée aux Euefques de Rome, par deference & par refpeⱪt au premier de tous les Sieges Chreftiens, & a la *Chaife de S. Pierre* qui l'a eftably tel. Car S. Pierre a toûjours eftably le premier Siege par tout où il a efté durant fa vie. Il l'a fixé dans la ville de Rome par la glorieufe mort qu'il y a foufferte. Et fi l'ombre de S. Pierre a fait de grands miracles durant fa vie; fon efprit en a fait d'auffi grands apres fa mort, en tranfmettant aux Euefques de Rome fes fucceffeurs, la primauté du regime de l'Eglife que Iefus-Chrift luy auoit donnée.

Admirons en cét endroit les Decrets jncomprehenfibles de la Prouidence diuine, que S. Paul appelle, *La profondeur des richeffes de la fageffe & de la fcience de Dieu.* Tous les Pontificats qui ont jadis éclaté en Orient & au Midy, ne font plus maintenant qu'vne ombre de ce qu'ils eſtoient : Et les Chandeliers de toutes ces Egliſes autresfois ſi re-nommées & ſi grandes , ont eſté tranſportés dans l'Egliſe de Rome, comme dans leur centre, qui a com-me recueilly le debris de toutes les Egliſes de l'Aſie & de l'Affrique. Admirons que toute la Chreſtien-té n'eſt aujourd'huy appuyée que ſur l'Egliſe de Rome; que S. Pierre a edifiée, qui a eſté edifiée ſur S. Pier-re, & qui ſera toûjours edifiée ſur les ſucceſſeurs de S. Pierre. Et cela, pour iuſtifier les paroles diuines de nô-tre Seigneur. *Tu es Petrus, & ſu-per hanc petram ædificabo Eccleſiam meam.* Et pour iuſtifier la verité du Pſeaume : *Vt iuſtificeris in ſer-monibus tuis, cum iudicaris.*

Auoüez donc, Monſieur ! que vos Docteurs ont eu vn grand tort de ſoûtenir auec tant d'opiniaſtreté, que l'Egliſe Chreſtienne n'a be-ſoin, ni de Paſteur, ni de Directeur, ri de Pontife, ni de Chef ; puis que Ieſus-Chriſt eſt ſon Paſteur , ſon Directeur, ſon Pontife, & ſon Chef.

D ij

Et confessez qu'ils sont bien bizarres de vouloir que Iesus-Christ ait
pris vne Espouse sans teste. Il est
vray que S. Paul a dit : *Vir caput est
mulieris, sicut Christus caput est Ecclesia.* Ephes. 5. L'homme est la teste
de la femme, comme Iesus-Christ
est la teste de son Eglise. Mais encore que l'homme soit la teste de
la femme, il ne s'ensuit pas que la
femme n'ayt pas vne teste. Ainsi,
encore que Iesus-Christ soit le
Chef de son Eglise, il ne s'ensuit
pas que l'Eglise ne doiue pas auoir
vn Chef. L'Eglise est vn corps, suiuant la comparaison de S. Paul ; &
vn corps composé de ses parties.
La principale partie de ce corps est
sans doute la teste, autrement ce
seroit vn corps sans teste ; & vn
prodige hideux, bien éloigné de
ce que le Cantique nous a dit de
l'Espouse de Iesus-Christ ; *Tota pul-
chra es, amica mea!* Tu es toute belle
ma bien-aymée. Et où Iesus-Christ
mesme compare le col de son Espouse à vne Tour d'yuoire. Où

lil eſt parlé en termes exprés, de ſa
reſte, de ſes yeux, & de ſes cheueux;
du beau tour de ſon nez, du vermil-
lon de ſes levres, & de la blancheur
de ſes dents. L'Egliſe a donc vne
reſte ; c'eſt à dire vn Paſteur, vn
Directeur, vn Pontife, & vn Chef
viſible, pour regir & pour conduire les Fideles qui la compoſent.
S. Pierre a eſté ce Paſteur, ce Pontife, & ce Chef viſible, du temps des
Apoſtres : Et les ſucceſſeurs de S.
Pierre ont eſté reconnus pour tels
de tous les Chreſtiens orthodoxes.
Ce qu'on ne peut diſſimuler ſans
aueuglement, & ce qu'on ne peut
nier ſans extrauagance.

Il me reſte à vous demontrer,
contre l'independance des Egliſes
de Caluin, qui ne reconnoiſſent aucune primauté entre elles ; que
comme l'Egliſe a eu de tout temps
de ces Paſteurs, de ces Pontifes, &
de ces chefs viſibles ; elle a eu de
tout temps auſſi des dignitez ſub-
alternes à celles de ces Paſteurs,
de ces Pontifes, & de ces chefs

D iij

viſibles. Tels ont eſté les Prestres,
& les Eueſques que les Apôtres ont
inſtituez : dequoy les Épîtres de
S.Paul à Timothée & à Tite, ren-
dent vn fidelle témoignage. Et
quoy que feu Monſieur Saumaiſe
ait pretendu faire voir dans ſon Liure, *de Presbyteris & Episcopis*, que
les Prestres & les Eueſques n'é-
toient qu'vne meſme choſe, du
temps des Apôtres ; Il s'eſt neantmoins expliqué dans ſa replique
poſthume à l'Anglois Milton, où
il a declaré hautemét : Que tous les
deſordres arriuez en Angleterre,
dans ces derniers & horribles troubles qui ont agité ce grand Royaume, ne ſont venus que des Miniſtres & des Prestres independants,
qui auoient ſecoüé le joug de l'ordre hierarchique de l'Egliſe ; qui
auoient déthrôné leurs Eueſques,
& qui déthrônerent en ſuite leur
Roy, pour le faire mourir cruelle-
ment & tyranniquement, par vn attentat le plus maudit & le plus exe-
crable dõt on ayt jamais oüy parler.

Saint Pierre fait vne expresse mention du Clergé Ecclesiastique dans sa 1. Catholique, chap. 5. où il exhorte les Pasteurs qui sont eleuez aux plus hautes dignitez de l'Eglise, de n'abuser pas de leur autorité sur le Clergé qui leur est commis & soufmis. *Pascite qui in vobis est gregem Dei &c. Non vt dominantes in Cleris, sed forma facti gregis.* Paissez dit-il, le troupeau qui vous est commis. Non pas comme ayant domination sur le Clergé : Mais seruez d'exemple au troupeau. Par où l'on peut connoître, qu'il y a eu du temps des Apostres des ordres dans le Clergé, les vns plus hauts, les autres plus bas, & que les plus bas dependoient des plus hauts. Ce que Saint Paul explique plus clairement au chap. 12. de la 1. au Corinth. où il compare l'Eglise à vn corps composé de parties de differentes fonctions, les vnes plus honnestes, les autres moins. Et que Dieu a establi dans son Eglise sur le modele du corps humain : Pre-

mierement, les Apoſtres ; en ſecond lieu, les Prophetes ; en troi-
ſieme lieu, les Docteurs; & en ſuite,
les Interpretes. Le meſme Saint
Paul les a rangez de cette ſorte au
chap. 4. de l'Epiſtre aux Epheſiens.
Dieu, dit-il, a eſtably les vns pour
eſtre Apoſtres, les autres Prophetes, les autres Euangeliſtes, les autres
Paſteurs, les autres Docteurs. Mais
quoy qu'il n'ait point parlé dans ces
deux paſſages des Preſtres ni des
Eueſques, il eſt pourtant vray qu'il
les a eſtablis. Et nous ne ſçaurions
pas determiner preciſement quel
rang ceux-cy ont tenu parmy les
autres, parce quil ne ſe trouue point
écrit dans les Actes, non plus que
dans les Epiſtres Apoſtoliques; &
& qu'il eſt impoſſible de le ſçauoir
que par la tradition de parole, dont
ie vous ay parlé cy-deſſus. Or par
cette tradition de parole, qui nous
a appris le ſens & l'intention des
Apoſtres pour le regime de l'Egliſe,
il eſt conſtant que les premiers
Peres Chreſtiens qui ont ſuccedé

aux Apoſtres, ont retenu les Prêtres & les Eueſques. Et le nombre
des Prouinces Chreſtiennes s'eſtant
augmenté, ceux qui ont ſuccedé
à ces premiers Peres, ont eſtably
à proportion de la grandeur & de
l'eſtenduë des Prouinces conqui-
ſes à Ieſus-Chriſt, des Archeueſ-
ques, des Primats, & des Pa-
triarches : toutes dignitez de-
pendantes les vnes des autres,
pour eſtablir l'vnion & la correſ-
pondance des Fideles, & pour les
contenir dans leur deuoir, en les
contenant dans le reſpect qui eſt
deu au regime Hierarchique de
l'Egliſe. Et ce regime de Hierarchie terreſtre eſt conforme à celuy
des Anges dans leur Hierarchie
celeſte. Si bien que l'on peut dire
que la ſaincte Hierarchie celeſte ſe
trouue, en terre dans l'Egliſe Catholique; & que la ſaincte Hierarchie de l'Egliſe Catholique ſe
trouue au Ciel parmy les Anges.

Vos Reformateurs ſeroient bien
en peine de vous dire, Monſieur!

D v

fur quel modele Caluin a formé le regime de fon Eglife. Certainement ce n'a'pas efté fur le modele du Ciel. Car les Anges font comparez dans l'Ecriture-Sainête, tantoft à des *Armées*, tantoft à des *Legions*. Or il n'eft point d'Armée qui ne foit compofée de fon General & de fes Officiers fubalternes, depuis le General iufques aux foldats factionnaires. Et il n'y a iamais eu de legion, qui n'ait eu, fuiuant le langage des Romains, fon Legat, fon Primipile, fes Chefs de cohortes &c. tous dépendans les vns des autres, en montant jufques au Legat. C'eft ainfi que les Hierarchies des Anges font compofées dans le Ciel. Il y a des Archanges, des Anges, des Principautez, des Vertus &c. & les fuperioritez des vnes fur les autres nous font notifiées, non pas fpecifiées dans l'Ecriture Sainte. Et quoy que Iefus-Chrift foit le Generaliffime de tous ces efprits adminiftrateurs, cela n'empefche pas que Saint Michel n'ait la primauté par-

my eux, qu'il ne soit appellé le
Prince des Archanges, & le chef
de la Milice cœleste, dans l'Ecriture-Sainte mesme. On ne voit rien
de semblable dans le regime des
Eglises de Caluin. On n'y reconnoît qu'vn seul ordre de Ministres,
qui est le plus haut & le plus bas
de tous les ordres de son Clergé.
Tous ces Ministres sont indepédants
les vns des autres ; & l'on peut dire
que chacun deux est Maistre dans
son Eglise, comme le peuple dit
par raillerie, que les Charbonniers
sont Maistres dans leurs maisons.

Le regime des Eglises de Caluin
n'est pas fait non plus sur celuy des
Esprits bien heureux, qui composent
l'Eglise triomphante dans le Ciel.
Car les douze Apostres y sont assis
côme douze Roys sur douze Thro-
nes, par le témoignage de Nostre-
Seigneur mesme. Et bien que ces
douze Roys soient depandants
de Iesus-Christ, qui est le Roy des
Roys, & le dominant des dominans,
au Ciel comme en la terre ; les douze

Apoſtres ne laiſſent pas de preſider
ſur les Bien - heureux , qui ſont
ſouſmis à leur regime dansle Ciel
meſme. Et l'Euangile nous repreſente ces meſmes Eſprits dans le
Ciel , quoy que tous parfaitement
heureux , joüiſſans neantmoins ,
de diuers degrez de beatitude , ſuiuant les diuerſes demeures , où les
diuerſes Hierarchies, ſous leſquelles
ils ſont rangez. Ils brillent tous
dans le Ciel, mais de differentes lu-
mieres ; tout ainſi que la lumiere du
Soleil eſt differente de celle de la
Lune; que la lumiere de la Lune
eſt differente de celle des Eſtoilles ;
& qu'il y a des Eſtoilles beaucoup
plus claires les vnes que les autres.
Ce qu'on ne voit point dans le regime des Egliſes de Caluin. Car tout y
eſt ſombre, rien n'y éclate. On ne
ſçauroit dire ce que c'eſt. Tout y
eſt d'vne meſme couleur. Tout y
eſt tenebres , & nüance de tenebres , les vnes plus eſpaiſſes que les
autres.

L'Egliſe de Caluin n'eſt pas non

plus faite fur le modele de cette
Reyne fuperbement veftuë & ri-
chement parée, fainte au dedans
& magnifique au dehors, de laquelle il eft parlé au Pfeaume
44. Il n'eft rien de fi trifte, ni de
fi decoufu, que l'Eglife pretenduë de Caluin. Toute fa pompe
ne confifte qu'en vne longue file
de Miniftres, la plus part mal en
ordre, & mal veftus. Et de la façon que Caluin a fagotté fon
Eglife, on ne dira iamais d'elle:
Adftitit Regina à dextris tuis in
veftitu deaurato. On ne prendra
iamais l'Eglife de Caluin, que pour
vne pauure Reyne delabrée, qui
auroit grand tort de pretendre à la
droitte d'vn fi grand Roy, qu'eft le
Roy de gloire, & le Fils de Dieu.

Vous me direz, Monfieur! que
Caluin dans la reformation de fes
Eglifes a affecté la fimplicité des
Apoftres, & la fimplicité des Eglifes
primitiues qui ont fuccedé à celles
des Apoftres. Mais laiffant à part
ce que ie vous ay démontré cy-def-

sus, que cette affectation est ridicule, quant au regime de l'Eglise;
Il paroît visiblement par les choses
que ie viens de vous dire, que vos
Eglises n'ont pas esté dressées pour
leur regime, sur la forme de celles
que les Apostres ont establies, ni
de celles qui ont esté formées sur la
tradition Apostolique, par les premiers Peres de l'Eglise, qui ont esté
les premiers Successeurs des Apôtres; & que vos Eglises n'en ont
retenu pas vne marque. Car il est
euident, par le Concile de Ierusalem composé des Apostres mêmes,
que les premieres Eglises Chrêtien-
nes qui ont esté establies par les mêmes Apostres, ont eu vne dependance relatiue à celle de Ierusalem;
& que l'Eglise de Ierusalem où
estoient Saint Pierre, & les co-
lomnes des Apostres, estoit aussi
la Colomne des Eglises de l'Asie.
Les Eglises qui ont esté establies
apres les Apostres, ont suyui la même forme de regime, & la mesme
forme de dependance, de relation,

& de correfpondance auec leurs
Eglifes Metropolitaines, qui ont
efté ainfi nommées, comme les
Meres des autresEglifes;que les autres Eglifes refpectoient & honno-
roient comme leurs Meres, à qui
elles defferoient,& de qui elles de-
pendoiét,en ce quiregardoit tant le
regime que la doctrine des Fideles.
Mais les Eglifes de Caluin ont
renoncé à toute dependance.Elles
font toutes Metropolitaines , &
ont toutes autant de pouuoirl'vne
que l'autre. Et comme il n'y a point
de dependance, il n'y a point de
correfpondance des vnesauec les
autres. On peut dire d'elles que ce
font *Scopæ diffolutæ*, pour le dire
enLatin.Et pourle dire enFrançois,
que ce font de ces chofes cruës &
indigeftes quin'ont pas de liaifon
entre-elles.

Il eft donc vray de dire qu'on
ne peut reconnoiftre pas vne marque ni pas vne trace de l'ancienne
Eglife primitiue , dans le regime
des Eglifes de Caluin. Et fi vous

me dittes que ces Eglifes eſtans diſ-
poſées de la maniere que nous les
voyons eſtablies en France , petites
& eſparſes comme elles ſont; elles
ſont par conſequent auſſi incapa-
bles de Patriarchats , de Primaties,
d'Archeueſchez, & d'Eueſchez :
Et qu'il doit ſuffire à ces Egliſes, que
leurs Miniſtres retiennent quelque
figure de l'ancienne Preſtriſe inſti-
tuée par les Apoſtres. Quand ie ne
voudrois pas le contredire, vous
m'auoüerez , Monſieur ! que Caluin dans la diſpenſation de ſon Miniſteriat , & de ſon petit troupeau,
pouuoit retenir quelque ombre ou
quelque reſſemblance de l'anciéne
Hierarchie de cette meſme Egliſe
primitiue; Et qu'il deuoit à tout le
moins retenir, *Effigiem Xanti, ſi-*
mulataque magnis Pergama. Mais
tant s'en faut que Caluin ayt eu la
penſée de retenir quoy que ce ſoit
de l'Egliſe primitiue pour la conduite de la ſienne, qu'il a pris tout
le contre-pied de Saint Paul. Et
qu'il y a ſujet de croire qu'il

n'a entrepris sa Reformation qu'en
dépit de Iesus - Christ & de ses
Apôtres. Ce que vous allez voir
ifi clairement verifié, que Caluin
mesme n'y sçauroit que répondre.

Il est certain, Monsieur! & ie
vous l'ay déja dit, que les Prestres
& les Euesques sont d'institution
Apostolique. Timothée & Tite
estoient establis Prestres & Euesques par les mains de S. Paul. Et
il est constant que la dignité des
Euesques a succedé à celle des Apostres, par ce que S. Paul a dit au
chap. 16. de la 1. aux Corinth. *Ti-*
motheus opus Domini operatur, sicut
& ego. C'est à dire, Timothée tra-
uaille à l'œuure de Dieu comme
moy. Or il appert que Timothée
& Tite estoient Prestres & Euesques, en ce qu'ils auoient le pouuoir de consacrer des Prestres &
des Euesques. S. Paul écriuant à
Tite, luy dit. *Reliquite Cretæ vt con-*
stituas per ciuitates Presbyteros. C'est
à dire; Ie t'ay laissé dans l'Isle
de Crete, afin que tu establisses des

Preſtres dans ſes villes. Or ces Preſtres preſidoient aux Egliſes, pré-
choient & enſeignoient les Fideles
de ces Egliſes : ſuiuant ce qui eſt
écrit. *Qui bene præſunt Presbyteri,*
duplici honore digni habentur, maxi-
me qui laborant in verbo & doctrinâ.
1. Timoth.cap.5. Et dans la meſme
Epître cap.4. *Noli negligere gratiam*
quæ eſt in te, quæ data eſt tibi per Pro-
phetiam, cum impoſitione manuum
Presbyterij. Ne vueille pas negli-
ger la grace qui eſt en toy, & qui
t'a eſté donnée ſelon la Prophetie,
par l'impoſition des mains pour la
Preſtriſe. Le meſme Apoſtre preſcrit
à Timothée quel doit eſtre l'Eueſque qu'il elira, quand il dit, qu'entre autres qualitez requiſes, *Oportet*
Epiſcopum eſſe doctorem. Il faut que
l'Eueſque ſoit Docteur. 1. Timoth.
cap.3. L'Eueſque eſtoit meſme choſe que le Paſteur & le Conducteur
du troupeau, ſelon S. Pierre dans
ſa premiere Epître chap.2. où il appelle Ieſus-Chriſt meſme *le Paſteur*
& l'Eueſque de nos ames. Il eſt donc

» vray que Timothée & Tite, qui
» estoient du temps des Apostres,
» estoient Prestres & Euesques. Et
» ce qui est considerable en cét en-
» droit, les Apostres mesmes estoient
» Prestres & Euesques. L'Apostre
S. Iean se qualifie *Prestre* dans sa seconde & troisiéme Catholique. Et
Eusebe au chap. 31 de son Histoire,
appelle le mesme S. Iean, Prestre.
*Ioannes qui super pectus Domini re-
cubuit, fuit Sacerdos.* S. Iean qui se
reposa sur le sein du Seigneur, fut
Prestre. S. Hierosme a appellé le
mesme S. Iean, *Pontife*, au passage
cy-dessus allegué des Escriuains
Ecclesiastiques.

Nous lisons de plus au chap. 6.
des Actes, que le nombre des Disciples, c'est à dire de ceux qui com-
posoient l'Eglise Chrestienne en
Ierusalem, estant accreu ; les douze
Apostres assemblerent tous les Fideles de la mesme Eglise, & leur dirent; qu'il n'étoit pas juste qu'ils
abandonnassent la Predication de
la parole de Dieu, pour vaquer au

ministere des tables. C'est pourquoy, dirent ils, voyez & choisissez
parmy vous sept hommes d'vn témoignage irreprochable, que nous
établirons pour cela. Quant à nous,
nous vaquerons sans relâche à l'o-
raison, qui est le seruice diuin, &
au ministere de la parole. Et ces
sept hommes Eleus pour le ministere des tables, furent appellez
Diacres, c'est à dire *Ministres*; &
d'vn ordre de Ministere au dessous
de celuy qui estoit estably pour l'o-
raison, pour le seruice diuin, &
pour la Predication de la parole.
Cét ordre de Diacres estoit con-
stamment au dessous de l'ordre des
Prestres, & de l'ordre des Euesques
par consequent; comme il est euident par le passage sus-allegué de la
1. à Timothée, c. 3. où S. Paul ayant
parlé des Euesques comme Presi-
dens à l'Eglise de Dieu, il parle des
Diacres en cette maniere. *Oportet
similiter Diaconos pudicos esse*, &c. &
en suitte : *Hi autem probentur primùm, & sic ministrent.* Par où l'on

vvoid que les Euefques proprement,
gouuernoient l'Eglife ; & que les
Diacres proprement feruoient à
l'Eglife.

Or le nombre & les richeffes des
Eglifes Chreftiennes augmentant,
ceux qui en eftoient les Pafteurs,
eftablirent des Perfonnes laïques,
confiderables.& fans reproche parmy le peuple, qui eurent la direction & le foing de l'œuure de ces
Eglifes ; foit pour les baftimens, ou
pour les reparations de leurs Temples ; foit pour la diftribution des
deniers qui prouenoient, ou du reuenu des Eglifes, ou des fubuentions charitables faites pour les
pauures des mefmes Eglifes. Et
ces perfonnes eftablies pour cette
direction, n'étoient point Diacres,
c'eft à dire Miniftres Ecclefiaftiques,
mais Laïques, ou du peuple, comme
i'ay dit. Ces Directeurs de l'œuure
des Eglifes Catholiques eftoient
femblables à ceux que les Iuifs appelloient, *Præfides operum domus Domini*, dont il eft parlé au 2. Parali-

pomene, chap. 24. & ailleurs; qui auoient la direction des œuures de la maison du Seigneur ; qui n'étoient ni de l'ordre des Sacrificateurs , ni de l'ordre des Leuites, mais Laïques ou du peuple : Et tels que sont aujourd'huy les *Marguil-liers* de l'Eglise Catholique. Si bien que les Sacrificateurs de l'Eglise Iudaïque répondoient, suiuant leur ordre de sacrificature, ou aux Euêques ou aux Prestres de l'Eglise Chrestienne. Les Diacres Chrétiens répondoient aux Leuites des Iuifs, qui estoient les Ministres des Sacrificateurs , tout ainsi que les Diacres sont les Ministres des Prêtres. Et ceux qui presidoient à l'œuure de la maison de Dieu dans l'Eglise Iudaïque , répondoient aux Marguilliers de l'Eglise Catholique.

Ie vous ay fait , Monsieur, cette particuliere deduction des Euesques, des Prestres, des Diacres, & de ceux qui ont la direction de l'œuure des Eglises Catholiques, pour vous faire voir que cét ordre

de regime auoit esté sainctement
institué par les Apostres, & sainctement pratiqué par l'ancienne Eglise primitiue, jusques à nous ; à l'e-
xemple du regime Ecclesiastique
estably dans l'Eglise Iudaïque. I'ay
encore outre cela particulierement
insisté là dessus , pour vous faire
remarquer plus à plein l'aueuglement & la temerité de Caluin, d'a-
uoir violé vn ordre si antique, & si
Sainct. Car il ne s'est pas contenté
de retrancher de sa Reformation
tout l'ordre des Euesques , il l'a
voulu mesme rendre ridicule, en
donnant les noms *d'Euesques & de
Prestres*, qui estoient du temps des
Apostres les deux plus hautes dignitez de la sacrée hierarchie de
l'Eglise , à des personnes purement
Laïques , & qui ne pretendent à
aucun ordre Ecclesiastique ; tels
que sont aujourd'huy ceux qui
composent les corps des Consistoi-
res parmy les pretendus Reformés;
& qui sont parmy eux ce que sont
les Marguilliers parmy les Catho-

liques. Caluin a appellé ſes Marguilliers, *Anciens & Surueillans;*
c'eſt à dire, *Preſtres & Eueſques.* Et
quoy que S. Paul eût particulierement recommandé à Timothée,
Oportet Epiſcopum eſſe doctorem. Il
faut que l'Eueſque ſoit Docteur.
Caluin a eſtably vn tres-grand
nombre d'Eueſques dans ſes Con-
ſiſtoires, qui ne ſont rien moins
que Docteurs. Et par vne eſtrange
bizarrerie il a appellé *Miniſtres,*
c'eſt à dire *Diacres,* ceux qui parmy
ſes Sectateurs deuroient faire la
fonction de Preſtres. Par où vous
voyez, Monſieur! que Caluin a
renuerſé du haut en bas tout l'ordre Eccleſiaſtique eſtably par les
Apoſtres. Il a mis à la teſte ce qui
deuoit eſtre aux pieds; & aux pieds
ce qui deuoit eſtre à la teſte. Demandez luy, pourquoy il l'a fait?
Il n'en ſçauroit rendre aucune raiſon, que celle de ſa pure fantaiſie,
& de ſon ſeul caprice. Si ce n'eſt
que l'on veuille dire ce que i'ay déja dit : Qu'il l'a fait en dépit de Ie-
ſus-

fus-Chrift & de fes Apoftres , &
pour faire enrager tout ce qu'il y a
de bon fens parmy les hommes. Si
toutesfois il fe trouue quelque hôme de bon fens capable d'enrager
pour vne chofe, qui bien confiderée en elle mefme, doit bien plus
émouuoir à la compaffion qu'à la
cholere.

Vous noterez cependant, Monfieur, à quel point Caluin auoit l'a-
me fchifmatique, d'auoir embroüil-
lé & confondu des Ordres fi bien
eftablis, pour vne chofe de fi peu
de confequence, & fi indifferente
que font les noms; que le hazard
donne bien fouuent; & que Caluin a renuerfez fans deffus deffous,
par vne folie deliberée. Ce qui ne
prouue pas feulement , mais qui
force d'auoüer ce que j'auois entrepris de prouuer ; Que la Reformation de Caluin, en ce qui regarde le regime de fon Eglife, a efté
mal faite , mal ordonnée , & mal
baftie. J'aurois à vous demontrer
en fuite , qu'en ce qui regarde fa
E

Liturgie, elle est beaucoup plus mal faite, beaucoup plus mal ordonnée, & beaucoup plus mal bastie. Mais j'excederois la longueur que ie me suis proposée en vous écriuant cette Lettre, si j'en auois entamé icy le discours. Ie le reserue pour vne autre Lettre, qui sera la derniere de celles que ie vous écriray sur ce sujet; dans laquelle ie vous déduiray le tout amplement. Et ie vous feray étonner en mesme temps de l'audace de Caluin, d'auoir osé porter ses mains sacrileges sur vne chose si saincte & si sacrée qu'est la diuine Liturgie de l'Eglise Catholique, qui a esté obseruée depuis tant de siecles dans toute la Chrêtienté, auec tant de respect, tant de veneration, & tant de religion, que qui que ce soit, auant Caluin, n'y auoit osé toucher.

Ie vous parleray aussi dans la mesme Lettre, de l'Esprit de vos Reformateurs, si irreconciliable pour la paix de l'Eglise, & pour la reü-

nion des Chreſtiens ſeparez de l'E-
gliſe; qu'ils ne ceſſent de vous repreſenter tous les iours dans leurs
Sermons, & dans leurs conuerſa-
tions, la Religion Catholique toute autre qu'elle n'eſt : y prenant
toutes choſes à rebours & à con-
tre-ſens, afin de vous faire auoir
de l'auerſion, & de l'horreur
meſme, pour ſa profeſſion. Car il
n'eſt rien de ſi religieux ni de ſi
ſainct, qu'on ne puiſſe corrompre
par vn recit trompeur, quand on
ſupprime malicieuſement ce qu'il
y a de bon ; & quand on exage-
re méchamment, non pas ce qui
eſt mal, mais ce qui a quelque apparence de mal.

> *Nihil eſt enim quin malè narran-*
> *do poſſit deprauarier.*
> *Hi, id quod boni eſt, excerpunt, di-*
> *cunt quod mali eſt.*

Vos Miniſtres ne vous parlent que
des jdolatries, & des abominations
de l'Egliſe Romaine ; qu'ils appel-
lent *Horribles* à tous propos. Et le
Miniſtre Menanceau que j'ay oüy

autresfois prêcher à la Rochelle,
& que nous appellions le *Miniſtre
rimeur*, ne manquoit jamais de dire
à ce propos, *Horribles & épouuan-
tibles*. Ie vous feray voir que ces
épouuantails ne font peur qu'aux
étourneaux, & aux enfans. Et que
les hommes raiſonnables s'en mo-
quent, ou s'en doiuent moquer.
Ce ſera pour vne autre fois, ſi Dieu
m'en fait la grace. Ie me contenteray pour celle-cy de vous aſſeu-
rer que ie ſuis,

Monſieur,

Vôtre tres-humble & tres-obeïſ-
ſant Seruiteur. LA PEYRERE.